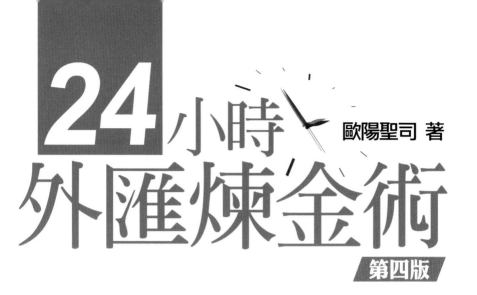

24小時外匯煉金術

歐陽聖司 著

第四版

書泉出版社 印行

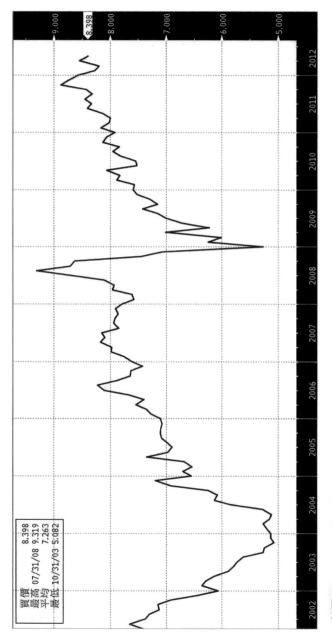

彩圖1 印度10年國債殖利率（2002/4～2012/4）

買價 8.398
最高 07/31/08 9.319
平均 7.263
最低 10/31/03 5.082

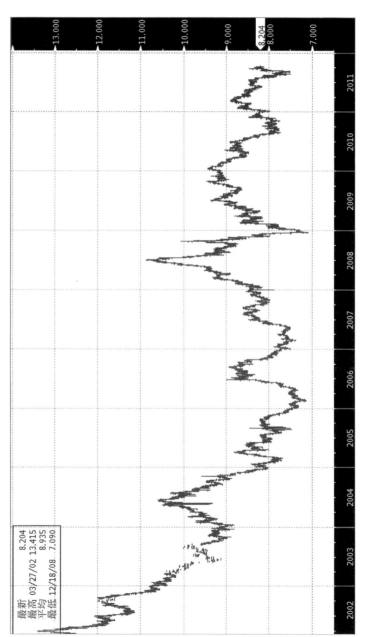

彩圖 2　南非10年國債殖利率（2012/3～2012/4）

最新　　　　　　8.204
最高　03/27/02　13.415
平均　　　　　　8.935
最低　12/18/08　7.090

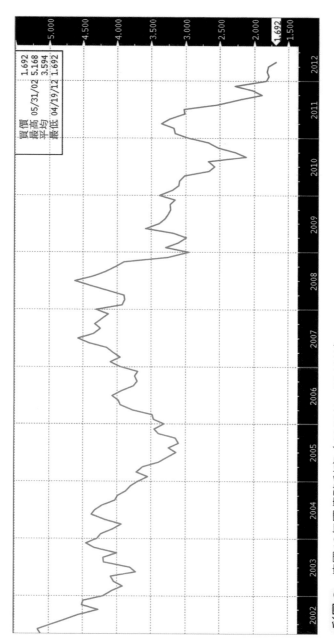

彩圖 3　德國10年國債殖利率（2002/4～2012/4）

買價	05/31/02	1.692
最高		5.168
平均		3.594
最低	04/19/12	1.692

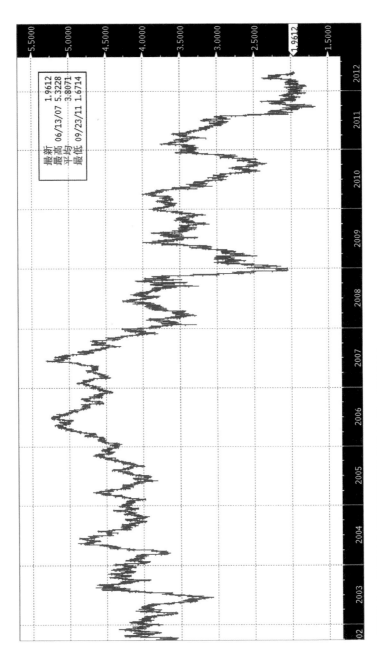

彩圖 4　美國10年期國債殖利率（2002/9～2012/4）

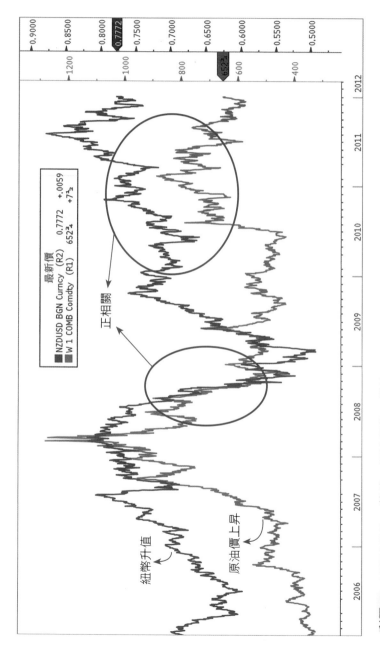

彩圖 5 NZD/USD 一藍線，原油價格一橘線

007

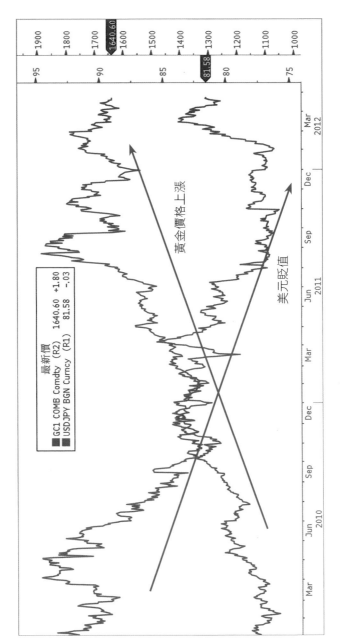

彩圖 6　黃金價格─藍線，USD/JPY─紅線

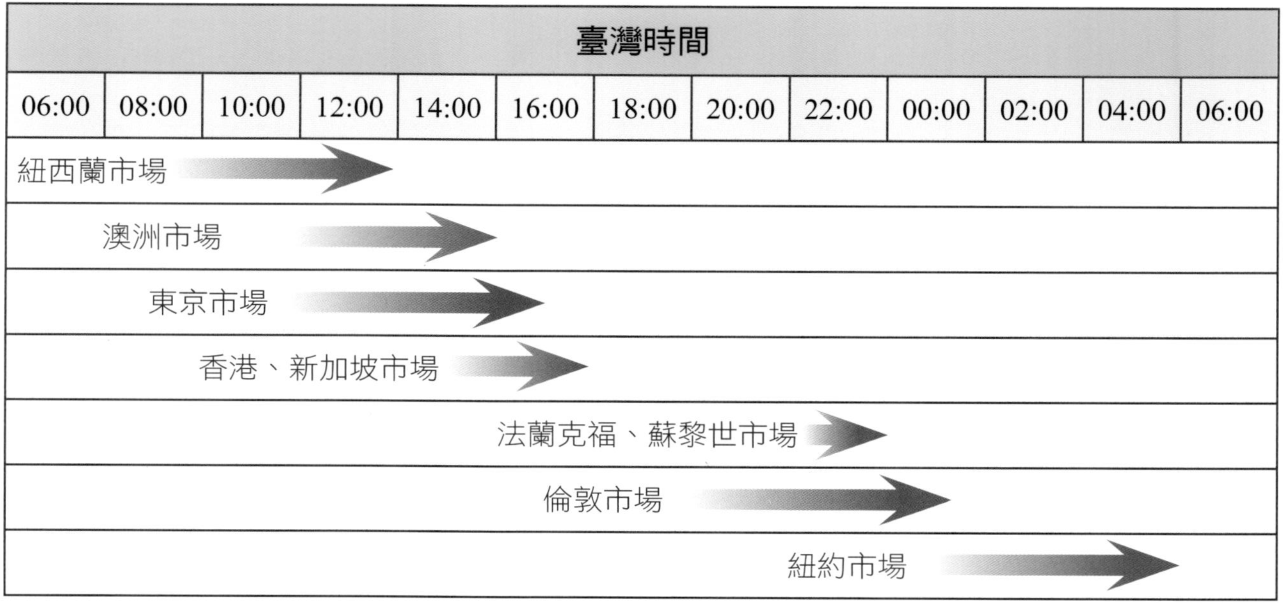

臺灣時間											
06:00	08:00	10:00	12:00	14:00	16:00	18:00	20:00	22:00	00:00	02:00	04:00	06:00

紐西蘭市場
澳洲市場
東京市場
香港、新加坡市場
法蘭克福、蘇黎世市場
倫敦市場
紐約市場

紐西蘭市場 → 6：00～14：00 前後
澳洲市場 → 8：00～16：00 前後
東京市場 → 9：00～17：00 前後
香港、新加坡市場 → 10：00～18：00 前後
法蘭克福、蘇黎世市場 → 16：00～隔日 0：00前後
倫敦市場 → 17：00～隔日 1：00 前後
紐約市場 → 22：00～隔日 6：00 前後

彩圖 7

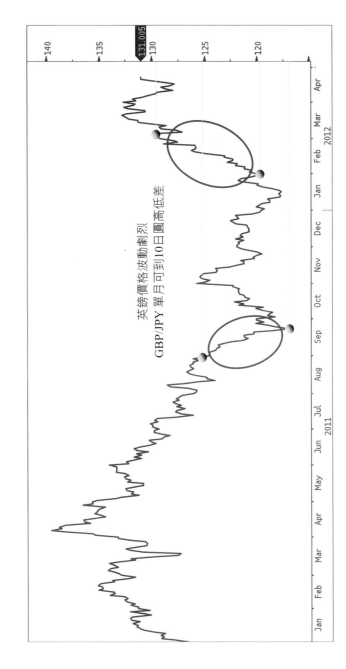

彩圖 8　GBP/JPY（2011/1〜2012/4）

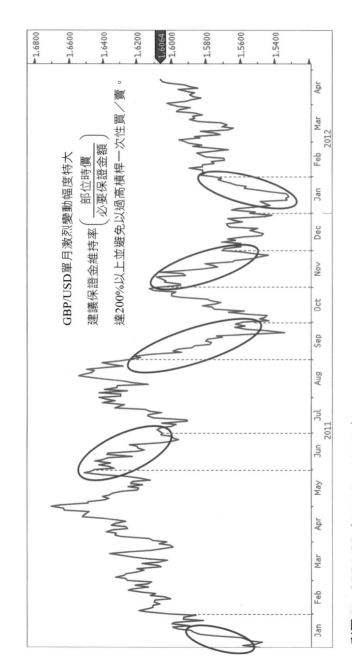

彩圖 9　GBP/USD（2011/1～2012/4）

011

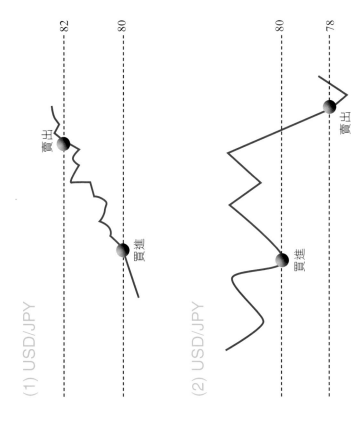

(1) USD/JPY

賣出 82

買進 80

(2) USD/JPY

買進 80

賣出 78

彩圖 10 買進（ASK）及賣空（BID）概念

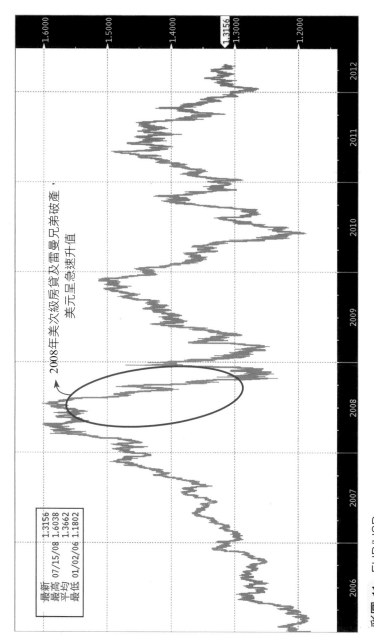

彩圖 **11** EUR/USD

最新　　　　　 1:3156
最高 07/15/08 1.6038
平均　　　　　 1.3662
最低 01/02/06 1.1802

2008年美次級房貸及雷曼兄弟破產，美元呈急速升值

1.6000
1.5000
1.4000
1.3156
1.3000
1.2000

2006　2007　2008　2009　2010　2011　2012

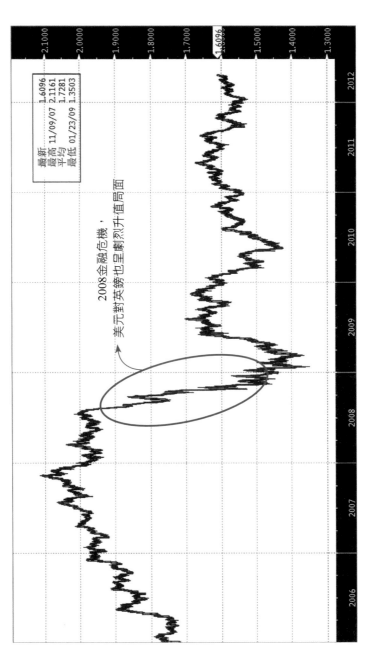

最新	1.6096
最高 11/09/07	2.1161
平均	1.7281
最低 01/23/09	1.3503

2008金融危機，
美元對英鎊也呈劇烈升值局面

彩圖 12　GBP/USD

014

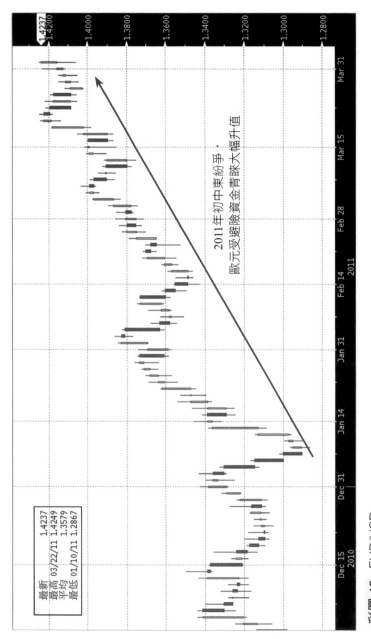

最新 03/22/11 1.4237
最高 1.4249
平均 1.3579
最低 01/10/11 1.2867

2011年初中東紛爭，
歐元受避險資金青睞大幅升值

彩圖 13　EUR/USD

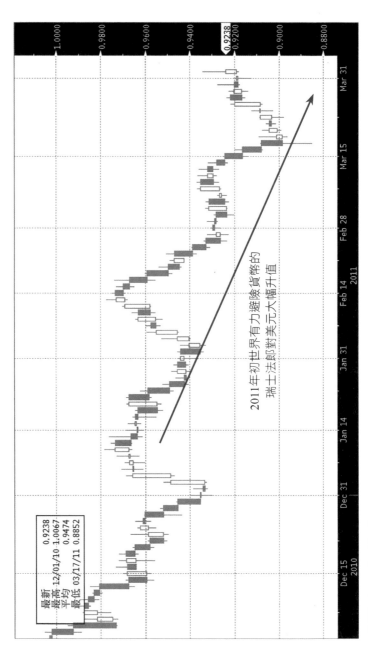

彩圖 14　USD/CHF

FEDERAL RESERVE press release

Release Date: December 13, 2011

For immediate release

Information received since the Federal Open Market Committee met in November suggests that the economy has been expanding moderately, notwithstanding some apparent slowing in global growth. While indicators point to some improvement in overall labor market conditions, the unemployment rate remains elevated. Household spending has continued to advance, but business fixed investment appears to be increasing less rapidly and the housing sector remains depressed. Inflation has moderated since earlier in the year, and longer-term inflation expectations have remained stable.

Consistent with its statutory mandate, the Committee seeks to foster maximum employment and price stability. The Committee continues to expect a moderate pace of economic growth over coming quarters and consequently anticipates that the unemployment rate will decline only gradually toward levels that the Committee judges to be consistent with its dual mandate. Strains in global financial markets continue to pose significant downside risks to the economic outlook. The Committee also anticipates that inflation will settle, over coming quarters, at levels at or below those consistent with the Committee's dual mandate. However, the Committee will continue to pay close attention to the evolution of inflation and inflation expectations.

To support a stronger economic recovery and to help ensure that inflation, over time, is at levels consistent with the dual mandate, the Committee decided today to continue its program to extend the average maturity of its holdings of securities as announced in September. The Committee is maintaining its existing policies of reinvesting principal payments from its holdings of agency debt and agency mortgage-backed securities in agency mortgage-backed securities and of rolling over maturing Treasury securities at auction. The Committee will regularly review the size and composition of its securities holdings and is prepared to adjust those holdings as appropriate.

The Committee also decided to keep the target range for the federal funds rate at 0 to 1/4 percent and currently anticipates that economic conditions--including low rates of resource utilization and a subdued outlook for inflation over the medium run--are likely to warrant exceptionally low levels for the federal funds rate at least through mid-2013.

彩圖 15 FOMC聲明文sample

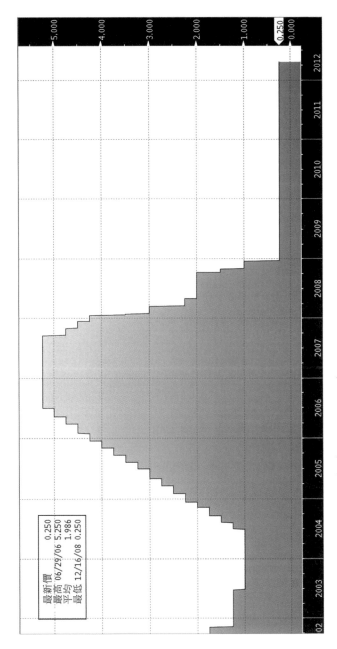

彩圖 16 美國聯邦基金利率（2002～2012）

最新價　　　　　0.250
最高 06/29/06　5.250
平均　　　　　1.986
最低 12/16/08　0.250

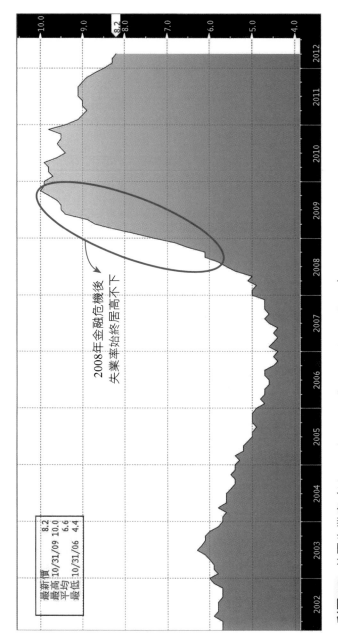

彩圖 17 美國失業率（Unemployment Rate, Jobless Rate）

2008年金融危機後
失業率始終居高不下

最新價　　　　8.2
最高 10/31/09 10.0
平均　　　　　6.6
最低 10/31/06 4.4

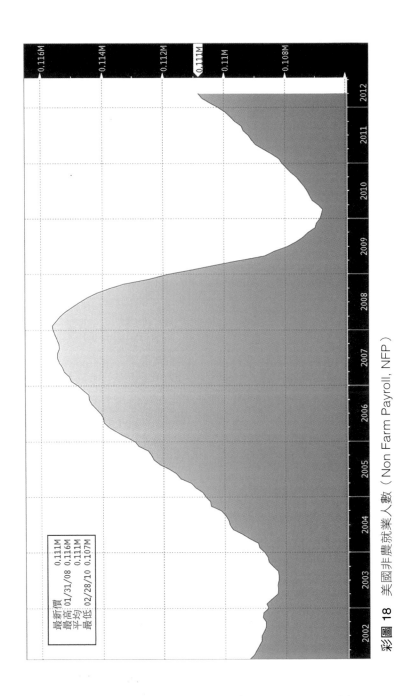

彩圖 18　美國非農就業人數（Non Farm Payroll, NFP）

最新價　　　　　0.111M
最高　01/31/08　0.116M
平均　　　　　　0.111M
最低　02/28/10　0.107M

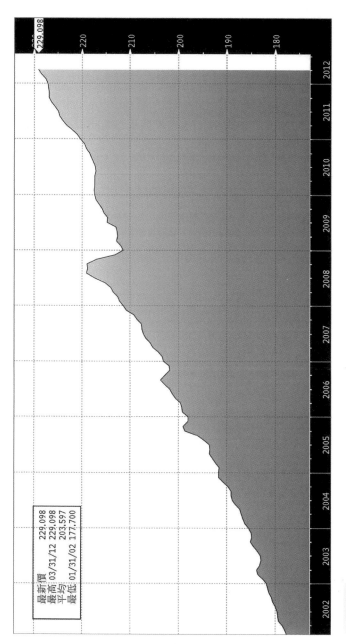

最新價　　　　　 229.098
最高 03/31/12 229.098
平均　　　　　 203.597
最低 01/31/02 177.700

彩圖 19 美國消費者物價指數（US CPI）

021

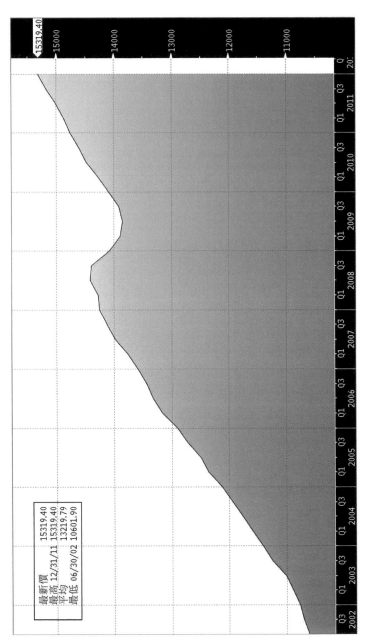

最新價　15319.40
最高 12/31/11　15319.40
平均　13219.79
最低 06/30/02　10601.90

彩圖 20　美國名目 GDP

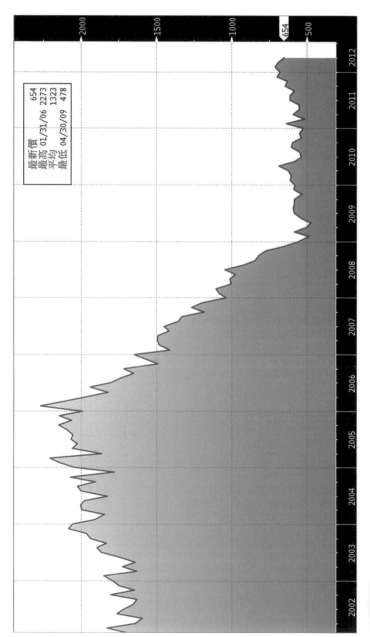

彩圖 21　美國新屋開工數（Housing Starts）

最新價　　　　 654
最高　01/31/06　2273
平均　　　　　1323
最低　04/30/09　 478

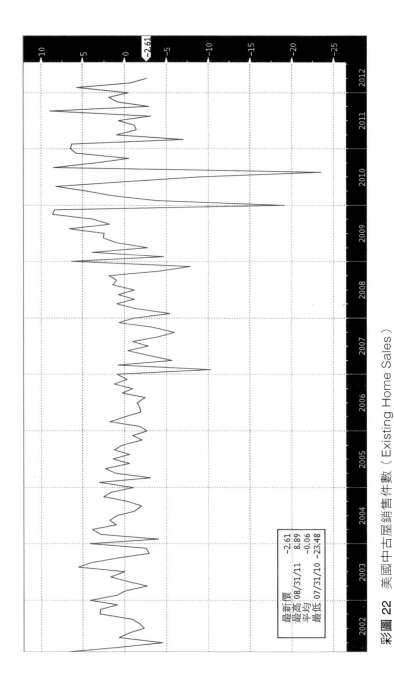

彩圖 22　美國中古屋銷售件數（Existing Home Sales）

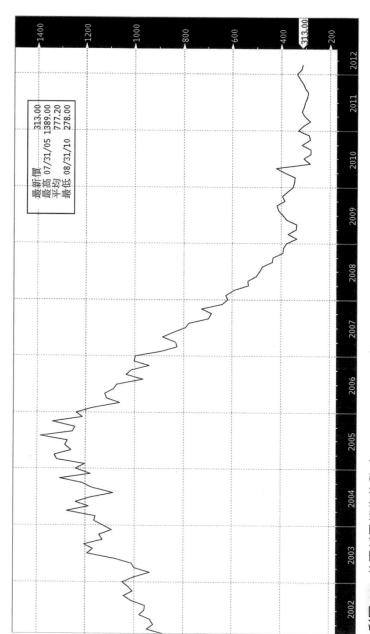

最新價		313.00
最高	07/31/05	1389.00
平均		777.20
最低	08/31/10	278.00

彩圖 23 美國新屋銷售件數（New Home Sales）

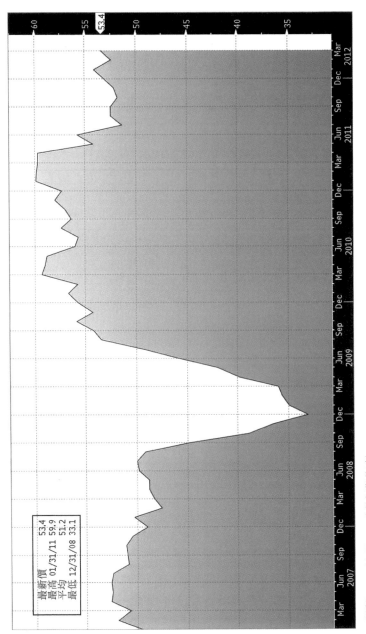

彩圖 24　美國 ISM製造業指數

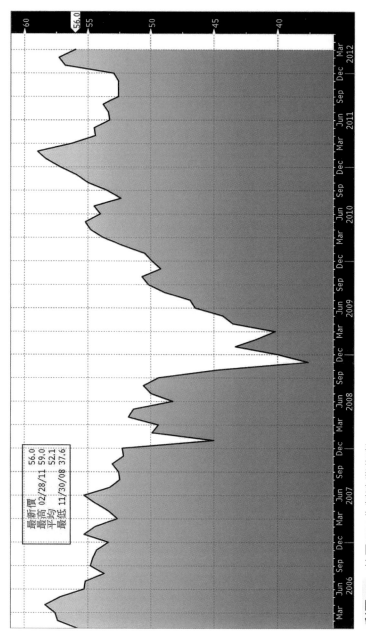

彩圖 25　美國ISM非製造業指數

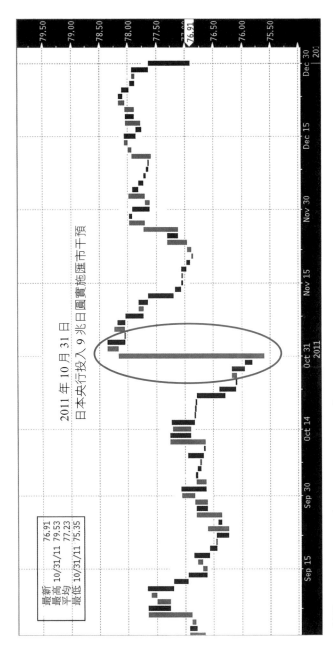

彩圖 26　USD/JPY（2011/9～2011/12）

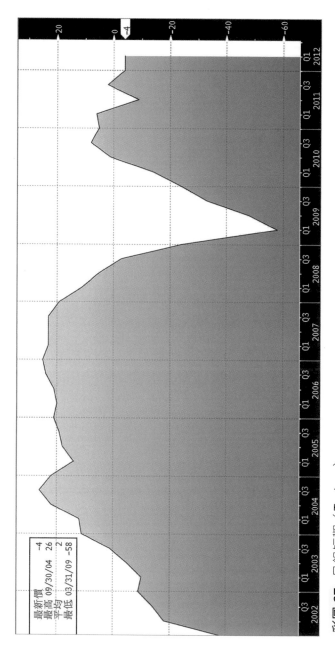

彩圖 27 日銀短觀（Tankan）

029

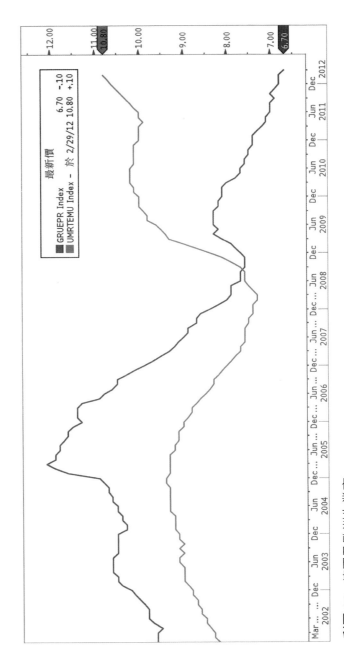

彩圖 28 德國及歐洲失業率

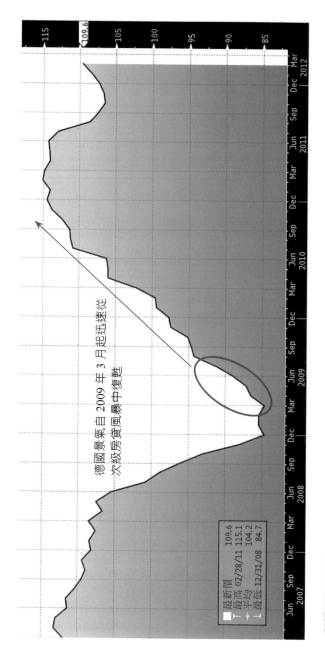

彩圖 29　德國 IFO

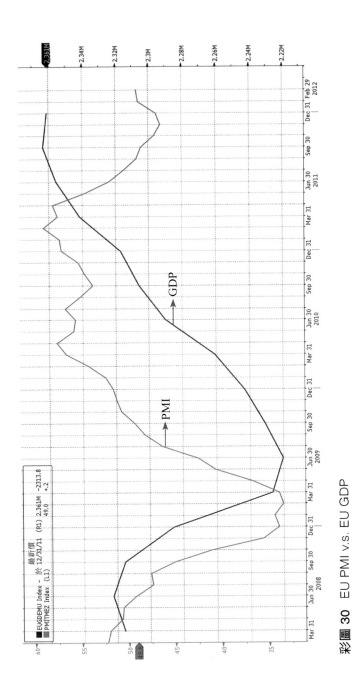

彩圖 30 EU PMI v.s. EU GDP

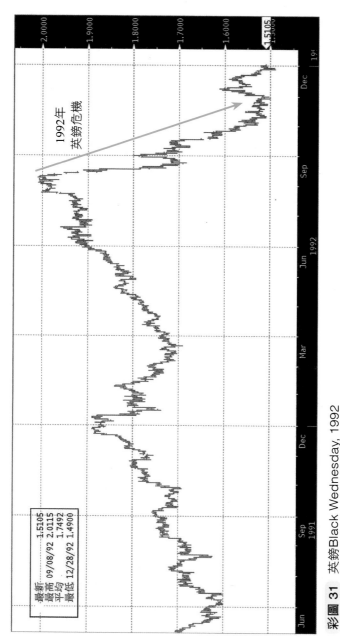

彩圖 31　英鎊Black Wednesday, 1992

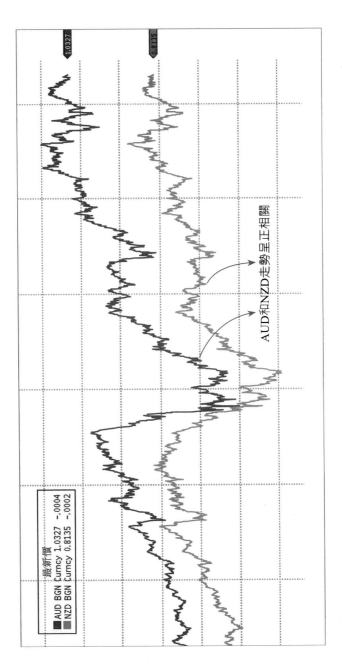

彩圖 32 AUD v.s. NZD

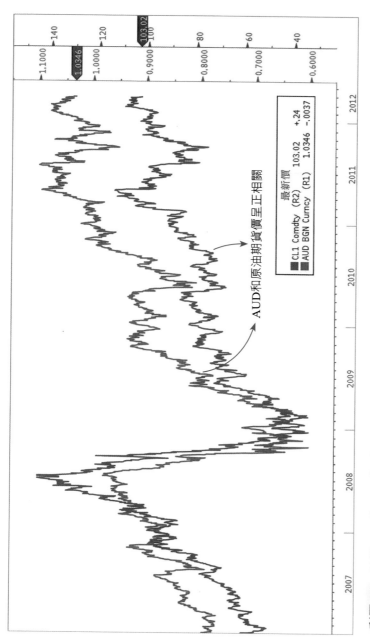

彩圖 33 AUD v.s. Crude Oil Future

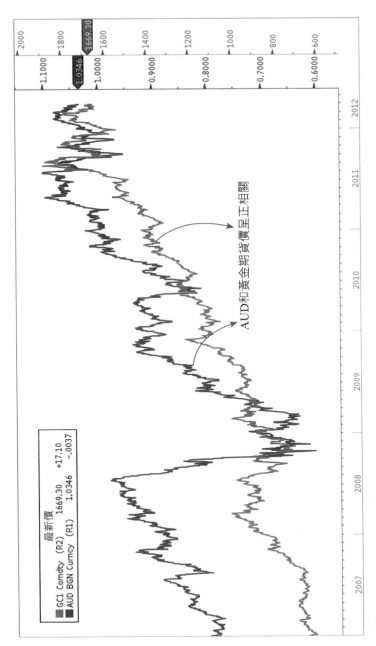

彩圖 **34** AUD v.s. Gold Future

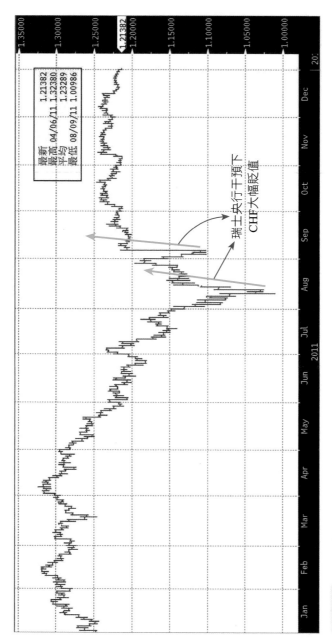

彩圖 35 EUR/CHF

037

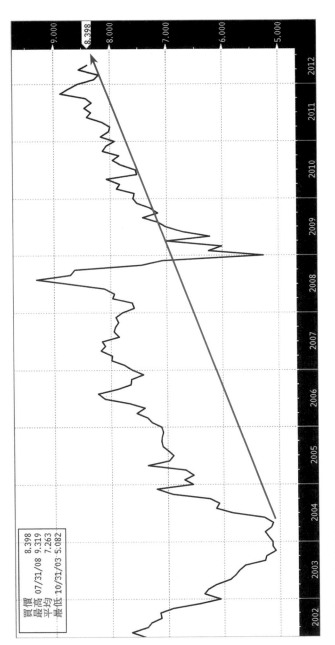

彩圖 36 支持線範例

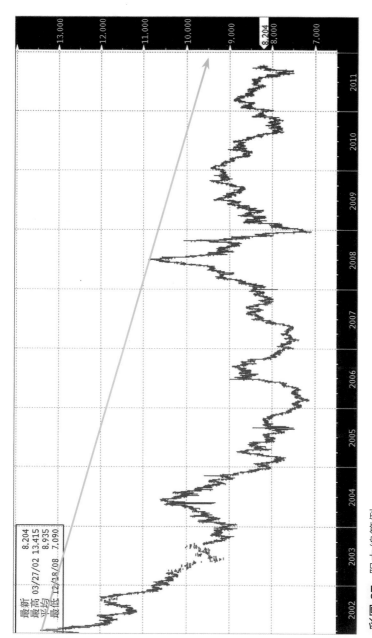

彩圖 37 〔阻力線範例〕

最新　　　　　8.204
最高 03/27/02 13.415
平均　　　　　8.935
最低 12/18/08 7.090

13.000

12.000

11.000

10.000

9.000

8.204
8.000

7.000

2002　2003　2004　2005　2006　2007　2008　2009　2010　2011

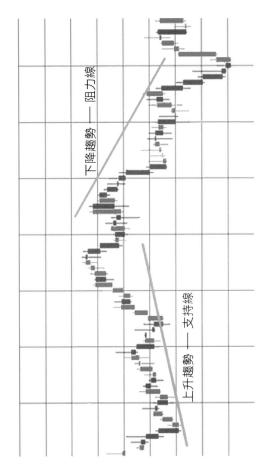

彩圖 38 阻力及支持線共存範例

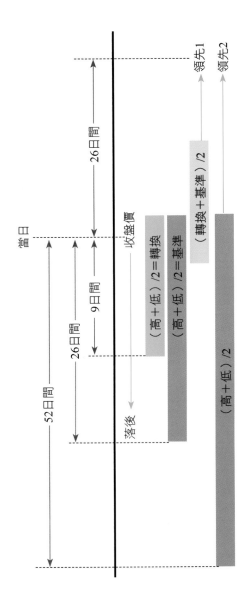

彩圖 39　一目均衡表算式簡明圖

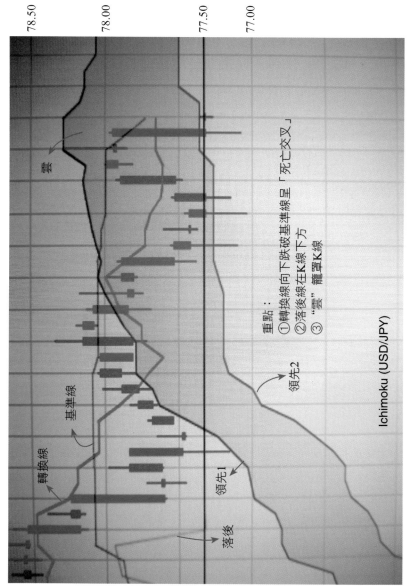

彩圖 40　一目均衡表範例圖

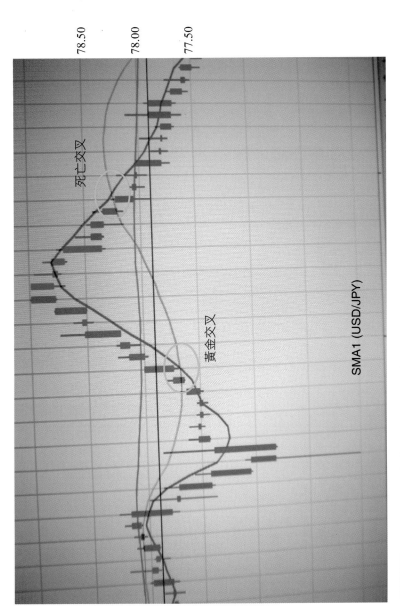

彩圖 41　單純移動平均線圖1

死亡交叉

黃金交叉

SMA1 (USD/JPY)

78.50

78.00

77.50

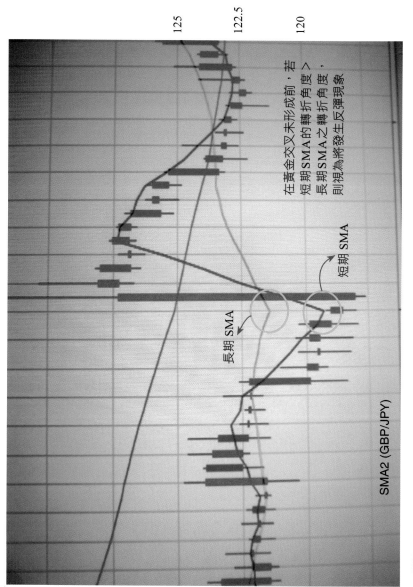

125

122.5

120

在黃金交叉未形成前，若
短期SMA的轉折角度 >
長期SMA之轉折角度，
則視為將發生反彈現象

短期 SMA

長期 SMA

SMA2 (GBP/JPY)

彩圖 42　單純平均移動線圖2

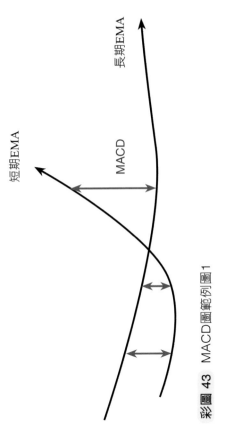

短期EMA

長期EMA

MACD

彩圖 43 MACD圖範例圖1

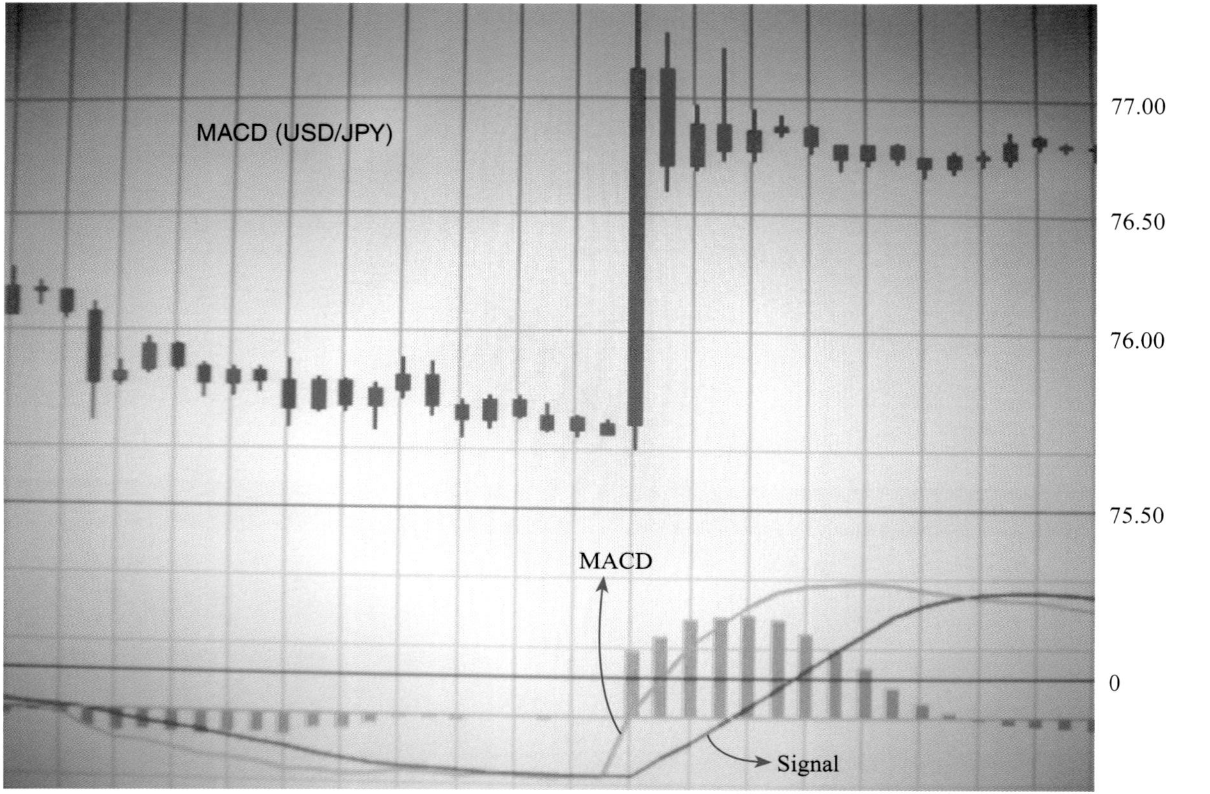

彩圖 44　MACD 與 Signal 範例圖

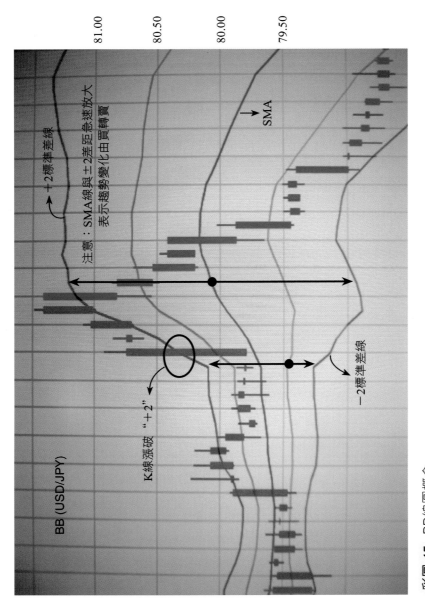

彩圖 45　BB線圖概念

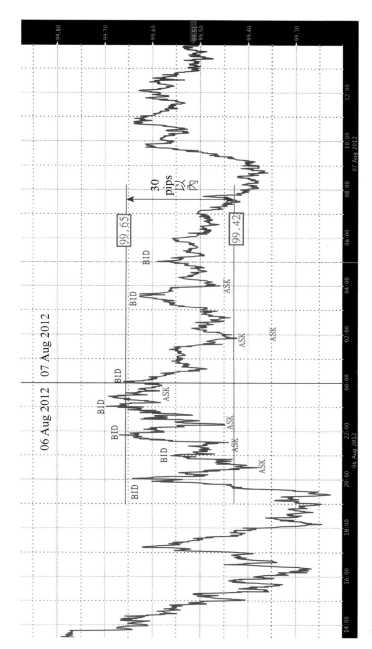

彩圖 46 狹窄區間交易策略

推薦序 一

　　我與作者歐陽聖司是在日本早稻田大學的財金所結識的。早大的財金所位於日本東京金融界中心的日本橋，學生不只是來自國內外金融界，還有政府官員及新創事業經營者及會計師、律師等多彩多姿的成員，大家聚集在這日本首屈一指的金融學習機構彼此切磋學習。我本人在摩根士丹利的工作之外，也是早大的客座教授，擔任金融相關科目的講授。這次知道歐陽能以在日本獲得的金融知識及自身的投資經驗出版本書，我對他獻上祝賀，也以此文來向各位作推薦。

　　在日本自許久前就提到了「從存錢轉向投資」的概念，但是在最近幾年金融危機的影響下，許多人對於投資是抱持著一種退避三舍的態度。當然了，臺灣與日本就經濟環境等許多的要素來看是不盡相同。但是如同歐陽在本文也提到，對於投資的理解尚未普及化的狀況，日本與臺灣是存在著共通之處。把投資與投機的概念弄混而失敗的人，以及因對投資有成見而錯失難得投資機會的人仍然為數不少。作者在書中提及了從事投資的正確基本面以及技術分析的方法，我認為這對一般投資者而言是十分受用且

在資本市場的交易上是立即可以應用的技巧。

　　以我長年在投資銀行的工作經驗來看，我認為投資這件事的基礎是基於：1.習得正確的知識；2.收集最新及精準的訊息；3.冷靜地判斷；以及 4.遵守市場交易的規則。每天在工作上持續地實踐這4個原則雖然不容易，但這卻是所有事情的基本。

　　歐陽在本書中對外匯投資的各項技巧傾囊相授，內容涵蓋了上述4原則的精髓，不管對初學者或是有經驗的人士來說都會是本有益的實用書籍。我衷心地希望各位讀者可從本書學習到實行正確投資應有的觀念。

摩根士丹利日本證券　董事總經理
日本早稻田大學綜合研究機構　客座教授

赤井 厚雄

（所在公司及職稱均為2012年出版當時）

（赤井　厚雄原日文推薦序）

　　歐陽聖司君とは早稲田大学大学院ファイナンス研究科で知り合い、早大ファイナンス研究科は日本の金融の中心地である東京日本橋に位置し、日本国内外の金融機関だけでなく、官公庁で働く人やベンチャー企業経営者、会計士、弁護士など、多彩なバックグラウンドを持った人々がこの日本有数の金融の学びの場で集まって互いに切磋琢磨をしています。

　　私がモルガンスタンレー日本証券で勤めている傍ら早大の客員教授としてもファイナンス関連科目を担当しております。このたび、その歐陽君が、日本で得た知識と投資経験をもとに、本書を出版されるとのことで、お祝いを申し上げると共に本文を用いてご推薦させていただきます。

　　日本では、以前から「貯蓄から投資」ということが言われてきました。ところが、近年の世界金融危機の影響もあり、投資にしり込みする人も少なくありません。勿論、臺湾と日本では様々な経済的条件の違いがあるでしょう。しかし、歐陽君も本文で触れているように、投資についての理解が十分普及していないというのは、日本も臺湾も共通です。投資と投機を混同して、投資で失敗する人や、思い込みから投資というすばらし

いチャンスに背を向けてしまう人が案外多いのです。作者は本書で投資に携わる際に必要とされる正しいファンダメンタル及びテクニカルスキルを取り上げており、一般投資者にとって非常に有益で、キャピタルマーケットにおける取引にすぐ応用できるものだと思います。

　私の長年の投資銀行業界で仕事してきた経験から見れば、投資の基礎は①正しい知識を身につけ、②正確で新しい情報を手に入れ、③冷静に判断すること、そして④市場の取引ルールを守ることという４つの原則に基づくと思います。日々実践することはなかなか大変なことですが、すべての元になります。

　欧陽君は本書で外国為替投資のノウハウを惜しみなく伝授し、上記４原則のエッセンスもカバーしており、初心者の方にも経験者にも必ず役立つ実用本だと思います。読者の皆さんが本書からそうした正しい投資を実行するための考え方を学ばれることを願ってやみません。

モルガンスタンレー日本証券　マネージングディレクター
日本早稲田大学総合研究機構　客員教授

赤井　厚雄

推薦序二

　　我十分高興能有機會將此書推薦給各位讀者。

　　「全球一體化」這個名詞雖然是近10年左右出現的概念，但世界的發展在過去的兩個世紀一直慢慢的往這個方向前進。兩百年前在歐洲萌芽的工業革命，表面看起來是工業工藝的改革，但她帶來科技應用方面的創新對世人的影響是深遠的。科技的進步除了提高了生產的效率以外，也漸漸的拉近了人與人之間的距離——蒸汽機的發明帶進了汽車以至輪船和飛機的出現，使旅途中交通的時間大大縮短；電話的普及實現了即時的遠程通信。隨著科技應用的往前，國與國，甚至洲與洲之間的間隔漸漸消失。

　　有關的趨勢在過去二、三十年有加速的跡象。這也促使以往美元獨大的局面被改變過來。美元不再是唯一的國際貿易單一結算幣種，取而代之的是歐元、日圓的興起。如果要掌握國際經濟活動的脈搏，必須先了解外匯市場的運作。本書以深入淺出的方式介紹外匯交易的原理、各種幣種的特點，以及作為個人投資者如何參與外匯市場的投資。

　　此外，作者在書中不但以平易近人的方式介紹外匯交易方法

及技術，並且還闡述了風險管理的重要性，我認為這是想在投資上成功之人都必須理解的觀念，風險管理是一種紀律建立的表現，在法人機關有相當嚴格的風險量化基準，一旦未達要求目標就會面臨罰則等，而個人散戶若想在與法人同一戰場競爭並且賺到錢，分析技巧及新聞加上嚴格的風險管理我想是缺一不可。囊括上述概念的本書實在是少數相關書籍中的一時之選，作者將豐富的個人投資經驗不藏私的提供出來，相信一定會對讀者們帶來幫助。

我由衷地推薦此書給各位讀者，希望本書作者的經驗可以為大家在職場上和個人投資方面提供參考。

Deloitte德勤中國　管理合夥人

趙善強(Eddie Chiu)

（所在公司及職稱均為2012年出版當時）

推薦序 三

　　很高興也很榮幸有這個機會為歐陽寫這個序，作者於日本知名高等學府畢業，曾分別服務於中國、日本與臺灣的知名大型機構，年紀輕卻見識廣博。作者將多年投資的經驗匯集成冊，為大家出了一本「平易近人」的外匯交易入門書，我實在覺得特別難得，因為雖然臺灣是個「貿易國」，但是在臺灣央行長期「匯率控制」下，許多人並不太在意屬於外匯這方面的風險，更遑論透過外匯來投資。因此，這類書籍在臺灣的市場廣度一直十分有限！但是，WTO後的全球化洪流，卻讓臺灣無法置身其外，實在令人心焦不已！恰恰在這個時候有了這本書，至少可以讓臺灣的老百姓「自救」，免於被這股潮流淹沒，實在不可不讀！

　　今天，特別開心的為作者推薦他寫的這本書，本書在市面上不多的外匯書籍中十分突出，就我一個學國際財金的人來說，這本書淺顯易讀但又不失專業水準，十分難能可貴！作者循序漸進的從外匯交易的介紹、各種幣別攻略，觀念上、技術上、以及心理上為讀者重塑對外匯交通的本質與交易的概念，更貼心是，警示投資人不可有的危險態度與提出關於外匯經紀商的選擇建議，

　　不管是對初學者或是已有經驗者都是一本周到且有益的書！

　　本人忝服務於金融行業20餘年，歷經銀行、票券、資產管理公司及事務所金融顧問，對於在這個時間能有這麼一本書可以作為外匯投資人實際操作指南，並作為金融科系學子課本以外的實務教科書，實在為大家感到慶幸！也為臺灣又出了一位優秀的人才而高興！

KPMG安侯企業管理顧問公司　副總經理

黃勁堯　於101大樓68樓筆

（所在公司及職稱均為2012年出版當時）

四版序

2020年開始的疫情到現在還在持續，2022年的現在，臺灣沒有官員可以告訴國民何時可以不要再戴口罩過生活。新進入學校以及職場的人們只認識帶著口罩對方的臉，而認不出真正的臉，也看不出對方表情，無形中產生了許多社會及教育問題。俄烏戰爭與中美角力造成的影響廣大，物價油價電價不斷上漲，只有薪水永遠不漲，生活的確苦悶。拿起財經雜誌一看，老是寫著別人的成功故事，不知不覺產生了憤世嫉俗的心情，我想有這種心情寫照的人在現代社會裏有一定數量。

我始終希望提供給大家積極面的信息，其實就是個換位思考，希望大家拿起這本書，看到這個序文時能夠做個小嘗試，試試告訴自己「不管我幾歲，我是個願意嘗試新東西的人」、「比上不足，比下有餘」。外匯投資可以積極操作，也可以安定性操作，短期廝殺買賣也不一定比長線釣魚賺得多，要看你的性格和預算來定策略最重要。外匯投資入門金額少，臺幣數千元即可，把自己的戰術小額開始檢驗，透過這本書累積心得，以及確立自己的戰法，在做好風險控制的基礎上培養自信，絕對是邁向成功的訣竅。希望各位讀者可以藉著外匯投資早日過上FIRE(Financial Independence, Retire Early)的生活。

三版序

　　謝謝各位讀者大力支持，我本人覺得此書能出版到第三版，實在象徵了有越來越多的民眾，對股票及基金等傳統投資商品以外的投資也有了興趣，希望透過本書對外匯一探究竟。外匯投資實在很深，因為每天24小時都在變化，但也代表了24小時都有賺錢機會。2017年6月美國FED決定升息，睽違了8年半，將利率推到了1%以上，加上失業率維持相對低的水準，很多經濟學家認為美國已從2008年雷曼兄弟破產引發的金融危機中重新站起。但，這代表投資美元的前景一片光明嗎？我知道許多讀者已經開始實踐操盤，操盤依賴的是槓桿原理，所以會有許多限制及風險是我們必須考慮的。各位可以回想2008年的投資環境，年紀較輕的讀者可能當時還是學生，建議你們可以搜尋當時的新聞來看，然後再觀察與目前的時空背景有什麼樣的差別。站在Trader的角度來看，我個人感覺目前世界上各種不安要素比2008年來得多，特別是非金融、經濟業界的新聞常常會突然給資本市場投個炸彈，讓從事操盤者賠錢得一頭霧水，怎麼死的都不知道。

　　談個親身經歷給大家聽聽好了。2017年某日早上欲交易

USD/JPY（美元兌日圓），由於前一兩天都沒什麼特別重要的消息，市場呈現僵持狀態，前一天狹窄區間反覆賺了不少，當日也想繼續同樣的戰略。我以買進USD/JPY入場，趨勢也如我所預測的走，賣出單已設好。記得時間是早上9點半左右，想說又是個順利的一天，去星巴克吃個早餐好了。10點回公司一看電腦，差點沒讓我把喝下去摩卡給吐出來！JPY竟然給我狂升值（USD/JPY跌）！怪了，也沒有經濟數據公布啊，真是莫名其妙。冷靜下來查查各方消息才知道是美國總統川普（Trump）與俄國在選舉時有密切關係被媒體報導，使得資本市場為了避險大量買進JPY，所以USD/JPY才一舉下跌……這種消息誰可預測啊？就是突然被車撞的感覺！不過，下跌範圍還不到我設定的停損線，加上我相信我分析的趨勢沒錯，所以最終還是以賺錢作結。只是突然發生了想定範圍以外的事，心情上是蠻不爽的。我舉自己的例子給大家聽，重點在於我們現在所處的是一個網路時代，世界上各種新聞資訊的傳播是以「秒速」在動的，特別是金融圈以外。例如：政治的任何動向以及恐怖分子行動都會衝擊到資本市場，這也增強了Trader做交易的難度。

最近在東京認識幾位20來歲的年輕臺灣人，發現大家都很有想法也很有國際觀，例如：有人是NTU在學中交換留學去美國，畢業後來日本名校學日語然後找到了薪水福利都不錯的工作（公司每月補助房租金額竟然達臺幣22K，沒天理啊（笑））。

看到他們，我真的覺得機會是掌握在自己的手中。其實投資也是同樣的道理！可能您今天只是剛好路過書店、剛好翻開了我的書，不過這可能是您成為富者的一個新契機，希望大家掌握改變人生的機會，進入投資的新世界，找到屬於自己的幸福！

歐陽聖司
2017年於東京等等力

二版序

　　各位讀者因本書對外匯保證金交易有了興趣，令筆者十分高興。本書今天能夠再版，代表打算以外匯交易來增加自己收入的人增加了，這實在是讓筆者感到開心。一開始寫此書時，筆者就抱著要把深奧的外匯投資，以簡單易懂的方式，讓沒有投資或商學背景的人都能理解的心來寫。

　　時光飛逝，想當時寫第一版時，美元兌日圓（USD/JPY）處於歷史低價，日圓（JPY）的超級升值讓人驚歎，日本出口企業備受打擊。如今，USD/JPY達到了10餘年的新高，外國人因日圓貶值而去日本旅遊狂買日本貨，實在是幾年前始料未及的。這說明了世界經濟情況轉變之迅速，也教育了我們，注意世界局勢的改變，可以自己賺上大筆鈔票。

　　請各位想一想，如果您在USD/JPY=85的時候買了10口擺著，每跳動0.1日圓（10 pips）可賺約10,000，每跳動1日圓（100 pips）可賺約100,000日圓。那麼以最近USD/JPY=120來計算，85到120是35日圓（3,500 pips）的差距，所以35×100,000=3,500,000日圓的利益，很可觀吧？當然如果您使用的槓桿更高的話便可賺更多倍，人要致富往往就是抓住這樣的一

個機會，嗅到了大錢的味道是從哪裏傳來。有這樣才能的人，也許是看了在下的書才開始外匯交易，如今比筆者賺得多也不無可能。

　　能不能贏，往往取決於一念之間。筆者不是鼓勵大家都放下手邊工作來瘋外匯投資，但不可諱言的，想贏便要懂得如何取捨。筆者認為也承認這社會不公平，有些人沒吃過苦但可以住帝寶；有些人朝9晚12還買不起個中古套房。唯一公平的是，每人一天都只有24小時，所以時間分配就成左右人生的關鍵。筆者在學校及職場看過一些極聰明的人，他們的頭腦真的不一樣，記憶及理解事情不用特別費力。更可怕的是這些聰明的人還非常努力，甚至比筆者這種泛泛之輩還拼命數倍，花時間睡懶覺或打遊戲等事，一輩子都與他們無緣。總體來說，這類人在社會上大都能取得讓人稱羨的收入及社會地位。但也不是說一輩子都無法與他們並駕齊驅，或是超越所謂的成功人士。

　　你可以發掘一種特好吃的祕方來滷鴨脖子，一開始擺攤，賣出名之後開連鎖店企業化經營，一年創造出幾億的營業額。說起來容易，實際上要花費的時間成本與機會成本是挺龐大的。或者你也可以在現在工作之餘，閱讀本書學習外匯投資技巧，並成為注意國際經濟動向的國際人，進而以外匯來賺取人生的第一桶金。由於筆者不會滷鴨脖子，所以筆者選擇嘗試了後者（笑）。從事外匯投資要持續地賺錢，務必留意設定在特定期間想要賺的

金額，以及相對於投資資本的停損點百分比。貪婪是走向毀滅的開始，切記切記！

　　希望讀者們透過此書能順利在匯海撈錢，勝不驕敗不餒，每天都可以是新的開始，請相信自己的人生掌握在自己的手裡！最後，謝謝愛筆者的家人及書泉出版社各位的支持。

歐陽聖司
2015年於東京

自 序

　　我長久居住於日本，2011年夏季因事回到臺灣一段時間，感受到臺灣二高一低——「高房價、高物價、低薪資」的嚴重狀況，體會到上班族如果光靠固定薪水實在難以生活，所以決定將10年操作外匯的投資方法介紹給臺灣的朋友們。油電雙漲是政府決策，小民眾無法扭轉情勢，房價飆高是建商與投機客炒的，沒錢的只能當「蟻族」，上班族薪資倒退回14年前水準，小倆口夫婦想要孩子但怕養不起。許多不太了解日本真實生活情況的人會說「東京物價世界前幾高，比臺北人更辛苦啦！」，若去看經濟學人大麥克指數等以價格絕對值的統計報告，日本的確屬於世界物價高的國家群，所以薪資所得比日本要來的低之國家的旅客到日本消費時便會感覺到「日本東西怎麼如此貴啊」。另一方面，住在日本生活的日本人又是怎麼樣的感覺呢？根據國際貨幣基金IMF的調查，我們可以知道日本是世界通縮排名前幾大國，換句話說就算日本上班族現在薪水與10年前是相同金額，但由於通縮影響物價年年下跌，薪水的實質價值反而變大了，同樣的金額可買到更多的財貨，日子過得比以前還要舒服，我在日本工作時實際就有此感受。

在臺灣期間了解了一下臺北房價，發現普通3房的新屋動輒4、5千萬元新臺幣，信義區的中古屋則是億元起跳，反觀在國際大都市東京的23區中環境還不錯的地方，離地鐵徒步5分以內的高層電梯住宅的3房新屋新臺幣3,000萬元還有找，哇！我不禁要問臺灣到底發生了什麼事!? 坊間許多書籍談到「你不理財，財不理你」的觀念，我完全同意這個說法，但是對於大部分臺灣的民眾來說投資理財的可選性不多，大部分仍局限在臺股、基金與定存。全民運動的臺股投資常會落入一種人云亦云的求報明牌光景，分析師及研究員雖然會出報告提目標價，但實際內幕則是缺乏中立性及玩數字遊戲，實在讓人難以信任。晚上看看股票頻道想聽專家想法，又發現每個老師都講得不一樣，實在不知道該買哪個好。而現在基金種類繁多，聽了理專建議買了個過往3年績效記錄都有20%報酬率的基金，沒想到自己一買就開始走下坡，只能被迫去住套房。我認為無論是臺股或是基金都有太多的外在限制把投資人的手腳都綁住了。股票想要當天對沖或賣空也有限制，槓桿的倍數也小，本金不夠的根本賺不到錢。基金想贖回的時候不一定贖得了，來回被扣了3.5%手續費，好不容易賺到的幾毛錢都被扣光了。

若您從事的理財是這樣的話，實在是很辛苦，而問題出在自己對於投資能夠有的主控權太少，受到外在規定支配的比率太高。其實我一開始也是受限於其中的一員，直到去了日本接觸到

外匯保證金投資才發現其實我可以很自由並很有效率的來做投資。外匯是一個全球性的市場，它的交易每日24小時都在世界各地進行，每秒的貨幣變動都與世界的政治經濟脈動有連結，由於牽涉的太全球也太廣，少有什麼人可以有機會得到內線消息來投機賺錢。在外匯交易平臺前人人平等，無關人種學歷及身份，只要肯花功夫培養實力是可以確實賺到錢，交易門檻低，有2000美金即可開始。經濟拮据究竟該怎麼辦，是去澳洲當臺勞打工呢？還是去補習考高普考？亦或是下班去當家教或到夜市賣雞排？時間當然可以如此來運用，不過若是您的目標是想增加更多的財富，我建議可以把時間放在一個更有效率的賺錢工具上——外匯保證金交易。透過本書各位朋友可以了解從外匯基礎知識到基本面及技術面分析，克服心魔並認識風險。期望此書提供各位一個新的資產運用法，每個月為自己加薪滿滿。

我也要在這裡謝謝家人的支援與法國阿姨的幫助，以及時常給我啟示之聖經的話：「敬畏耶和華是智慧的開端，認識至聖者便是聰明」。

歐陽聖司

目錄

第一章　摩拳擦掌卷

深入研究 1

第二章　實彈上陣卷－基本面篇

深入研究2

第三章　實彈上陣卷─技術分析篇

👋 深入研究3

第四章　克服欲望及恐懼卷

深入研究4

摩拳擦掌卷

一、全球外匯市場的基礎知識

全球的資本市場充滿許多金融商品,從最耳熟能詳的股票、投信基金(Mutual Fund)到外匯、債券、期貨、選擇權與不動產REITs等等,除此之外還有神秘且投資管道多開放給特殊人士等的對沖基金(Hedge Fund)及私募基金(Private Equity)。我個人投資過上述的大部分商品,與其說是為了賺大錢不如說是對它如何「以錢生錢」的架構感到有興趣而進行了投資。

其中,令我感到最具有魅力的商品是外匯交易。外匯的英文為Foreign Exchange,簡稱Forex或FX。許多讀者可能對外匯市場還沒有清楚的概念,對外匯保證金交易(以下稱FX交易)這個玄虛的名字也充滿了好奇,首先容我先來介紹給各位瞭解。

眾多商品市場中,外匯市場是全球最大的金融市場,根據國際清算銀行(BIS)的統計,目前每日的外匯交易量約達到4兆7千億美元。其中又以英國倫敦市場約1兆9千億居冠,接下來的名次分別是美國紐約、日本東京、新加坡及瑞士蘇黎世市場,由於整個外匯市場24小時持續交易的關係,在大型外資銀行的交易室工作的交易員(Professional Traders)通常也是採24小時輪班的方式來交替,根據著名金融雜誌*EURO MONEY*的調查,2011年交易量前3大的銀行分別是德意志銀行(Deutsche Bank)、巴克萊銀行(Barclays)與瑞銀集團(UBS)。外匯市場交易量的內容約9成以上是屬於投資性質的買賣交易,其餘的才是我們一般對外匯原始印象的國際貿易匯兌。投資買賣交易中的主角當然還是法人為主,不過個人投資者(Amateur Traders)的分量日趨增加,拿全球第3名的東京市場來看,個人投資者占全交易量的3成左右,

顯然已經成為不可小看的勢力了。

（一）股票市場與外匯市場的關係

　　不論在臺灣或是其他各國，股市可以說是最接近人們生活的投資工具，許多人的第一次投資經驗也是獻給了股市。發行股票的公司許多是與我們食衣住行娛樂相關，資訊公開容易取得，而隨著全球化（Globalization）的影響，投資本國市場以外的海外股市也不是一件難事。其實外匯也擔負了股票投資流程的一部分。例如今天您是三星Galaxy手機的愛好者，想要投資韓國股市，那麼就需要把臺幣兌換為韓元來購買。這一種的兌換行為使得韓元的需求上升，所以韓元的價格就跟著上揚了。另一方面，賣出去的臺幣因著供給量的增加使得價格下跌。當交易外匯時，需要觀察國際的股市動向，世界的資金常是從績效較差的流向績效較好的區域，而績效好的區域或國家的貨幣需求通常也會跟著增加。

（二）債券市場與外匯市場的關係

　　在債券市場中，各國政府發行的國債占了最大的比率，每個國家都可以發行國債，但是各國的殖利率並不一樣。一般而言，信用評級較低的新興國家國債殖利率高於信用評級較高的國家，因為信評低的國債違約（Default）可能性較大，也就是說信用風險較高的意思，所以新興國家就以高殖利率作為國債魅力來吸引投資人購買。舉2011年底的資料來看，印度10年國債殖利率約8.3%（**見彩圖1**），南非10年國債殖利率也在約8.5%的水準（**見彩圖2**），而德國（**見彩圖3**）和美國10年國債殖利率還不到2%（**見彩圖4**）。但是長久以來一直被視為世界上最安全資產之一

的美國政府債（U.S. Treasury Bills, T-Bills）在2011年8月5日竟然被信評公司的標準普爾（Standard & Poor's）從信用等級最高的AAA調降一級到AA+，這是美國政府債在1941年被評為AAA以來70年頭一遭被降評。相信各位讀者對這件事還記憶猶新，降評的報導在2011年8月造成金融恐慌，再加上本來境況就糟的歐債危機，使得股市一瀉千里。念過商學院的朋友可能都有聽過CAPM（Capital Asset Pricing Model資本資產定價模型）這個詞吧，這是用來計算資產的期待收益率的模型，而其公式中有一項需要使用到無風險利率（Risk-free Interest Rate），通常教科書及大學教授大都是教導學生使用T-Bills，不過在歷盡美債危機後恐怕教科書要準備改寫了，因為人們的眼睛是雪亮的，看看近來新聞也能知道風險還挺大。

當購買國債時，必須要使用國債發行體的貨幣來交易。如果國外的投資者想要買美國政府債，首先需要將本國貨幣兌換成美元，而這樣的行為會使得美元的需求提高，本國貨幣由於供給量變多了，價格便隨著下降。觀察國債利率的動向，可以知道哪一國的商品受到投資者的注意，藉此也可以作為分析貨幣人氣度的一個參考。

（三）期貨商品市場與外匯市場的關係

期貨包括許多商品，從黃金白銀等貴金屬到大麥玉米大豆等農產品，以及石油瓦斯等能源。世界各國為了這些商品的需求從各地進口到自己的國家。進口商把本國貨幣兌換為外幣來進口需要的商品，這就造成了出口方貨幣的需要提高，貨幣價值也跟著上升。而進口方的貨幣則是因為貨幣供給量增加，貨幣價值下

降。位於大洋洲的澳大利亞與新西蘭以及加拿大，南非由於天然資源豐富擁有許多礦產及油田，其貨幣被稱為「資源國貨幣」。（見彩圖5）當黃金及原油價格上升時常會帶動資源國貨幣價格也隨著上揚。黃金在日本被稱為「有事的金」，也就是說當世界發生恐慌情勢時，黃金的人氣就會飆高。關於這個，我們從2011年第3季因著歐美債危機使得黃金價格衝破歷史新高的現象就可瞭解。而黃金與美元又具有緊密地關係，當作為世界的基軸貨幣（Principal Reserve Currency）的美元，因著戰爭或金融危機等因素被狂賣時，作為避險角色的黃金往往就會邁進，美元與黃金可以說具有互相代替的商品性格。由於美元價值下降，在外匯市場中與美元配對的例如日圓（USD/JPY）的價值就隨著上升了。（見彩圖6）

　　讀者們讀到這裡是不是有一點昏頭了呢？關於貨幣配對的內容在接下來的章節會有詳細的說明，在這裡只要瞭解到所謂的外匯並不單純，常常與其他的商品市場有所聯結，牽一髮而動全身，存在著連鎖反應，想從中賺到錢的確需要下一點功夫，不過如果可以培養一個正確的思考邏輯後去做交易，相信駕輕就熟也不成難事了。

二、外匯交易究竟是什麼？

　　簡潔地來說，所謂的外匯交易指的是一國的貨幣兌換另一國貨幣的行為，交易者可以透過買進或賣出來執行交易，由於外匯是屬於場外市場所以不需要透過交易所，而是透過「銀行間交易市場」（Interbank Market）以電話及網路來進行。外匯市場是由上述的銀行間交易市場以及銀行和其法人客戶（例如進出口貿易

商，外匯經紀商，資產運用公司，保險公司等）的這兩種交易所構成。市場參加者除了前述的商業銀行以外，主要還有外匯經紀商、中央銀行等。談到中央銀行大家可能會聯想到臺灣央行的8A總裁彭淮南，其實像彭總裁如此緊盯一個國家匯市的央行領頭人實在是世界少見，臺灣匯市的波動在他的把關之下與資本市場的自由浮動機制有一大段距離，有利也有弊。英文有個專有名詞，對央行此干預機制下的匯率稱為「骯髒浮動匯率」（Dirty Floating Rate），以筆者做為匯率操盤方來看臺幣交易區間的情形只能說是無趣，賺頭不大，而且一不小心就會莫名其妙的戰死在央行干預之手。不過各位不需要擔心，由於臺幣是非主流貨幣，目前世界FX保證金交易中還沒看到有外匯經紀商提供與臺幣配對的組合，以後就算有流動性也是很小，筆者不會建議選為作交易的標的物。

三、匯市價格是如何決定的呢？

談到匯市價格如何決定的議題，我建議讀者們，無論您是投資股市的沙場老將，或是從來沒有投資經驗的學生，首先需要做的就是「破除迷思，重新建立外匯價格的觀念」，從結論來說也就是：在外匯市場，沒有所謂的「便宜價」、「合理價」的概念。

按照基本經濟學的原理，物品的價格是供給與需求來決定的。臺灣的鳳梨酥很有名，大眾喜愛鳳梨酥使得市場（製造廠）對鳳梨的需求增加，此時若供給維持不變價格便會上升，反之亦然；若是果農一窩蜂的種植鳳梨導致供給過剩的話，鳳梨的市場價格下跌，甚至跌破了栽種的生產價格，這時對喜歡吃鳳梨的朋

友而言，可說是能以便宜價格買到鳳梨的好機會。但是外匯並不是「物品」，沒有生產價格或是成本，故也沒有一個所謂的基準來判斷現在的價格是貴還是便宜。我周圍常有一些投資股票多年的朋友在轉戰FX交易後成績總是不理想，在談話中瞭解他們仍然脫不開計算個股合理價格的習慣。當然，去法說會聽企業訊息，預測營收成長計算EPS，判斷P/E，P/B是否過高過低等都是好習慣，不過應用的戰場在股市不在匯市。由於FX交易都是一對一對（Pairs）的固定貨幣組合，所以在交易時需要去看的是這兩國貨幣的相對價值而非絕對價值。投資股市看的是企業體，體質差的企業會倒閉會破產，股票變成一毛不值。世界各國的股市大盤也會因著一個如雷曼兄弟這樣的環球企業而崩潰，但在匯市不會發生崩盤這種事，因為一國貨幣強就代表另一國相對較弱，強勢貨幣代表它可以用相對較少的代價就兌換到另一國的貨幣，這是在乎於一個價值交換的概念。

　　那麼讀者朋友可能會問：要如何判斷貨幣配對彼此間的相對價值呢？其實這一點在匯市裡可是大有學問，有長期基本面的要因，也有短期的干擾要因，有許多時候受政治動向及經濟指標的影響很大，此外投機操作的存在也不可忽略，有關這些判斷會在接下來的第2章各項貨幣配對攻略中為各位做講解。

　　居住在日本15年以上，體會到日本不但是個高科技國家，同時在金融市場上也是極先進且投資情報流通非常快的地方。特別是日本政府在2001年實行「金融自由化」政策後，產業的發展更加多元，個人投資者也有機會接觸到許多以前只開放給法人投資的商品。

　　我接觸到FX交易是在2003年，那時在日本已有許多證券公

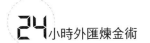

司以及外匯經紀商（Foreign Exchange Broker）對個人投資者提供專屬平臺進行FX交易，偶然的看到某家經紀商網站覺得很有興趣，由於交易的最低金額要求限制不高（當時是約10萬日圓），於是便開戶展開了我與外匯的不解之緣。

四、FX交易的魅力

（一）24小時不眠交易

各位知道日本作家馳星周的小說《不夜城》嗎？1998年金城武作為主角拍了電影版，相信有不少人看過吧。片中的不夜城「新宿歌舞伎町」的確到深夜也是燈火通明，但若是與我們的FX大哥來比那可是小巫見大巫，世界的外匯市場可是一個「不眠城」，他的交易時間（**見彩圖7**）。

外匯市場24小時運行，交易每天從紐西蘭／澳洲開始，隨著時間的流動，全球各個金融中心的營業日將依序開始，從東京到倫敦，到紐約市場結束，然後新的一天又從南半球開始。講得極端一點，只要老兄您有本事、體力也夠強，24小時都是賺錢的機會。這一特徵與有開盤收盤的股票市場等相比實在具有魅力，對於白天努力工作無暇看盤的上班族而言，下班回家到睡覺前還可以有賺錢的機會，當個業餘外匯交易員實在是比去兼差要來的有效率又有賺頭。

（二）善用「槓桿原理」，少額本金倍數操作

「槓桿原理」（Leverage）以字面意識解釋就是說以較小的力氣搬起重物，在金融的世界指的是用少額保證金（Margin）作為擔保來做大額度交易。其實我們的生活中常有機會使用「槓桿

原理」，例如房屋貸款、購車貸款等都是這樣的例子，您以自備款400萬去買2000萬的房子時，即用了5倍的槓桿。其實外匯保證金的概念非常容易，它與大家熟悉的股票之信用交易與期貨指數交易等使用的槓桿原理是類似的。例如你今天想做USD/JPY的交易，存入到FX交易帳戶10萬日圓，假設當天的USD/JPY匯率是80日圓，當您以10萬日圓為本金去買進或賣空1萬美元的交易時，槓桿便為8倍（10,000USD×80＝800,000YEN；800,000YEN/100,000YEN＝8倍）。通常，外匯經紀商與證券公司都有設定槓桿倍數的上限，據我所知設立在英國的經紀商最多可達到400倍。在開戶時，基於風險管理的觀點，一些經紀商會要求客戶預先選好交易的上限倍數，如1:100，1:200，1:400等。例如我選了1:100，槓桿最多就是到100倍，當然只要在這100倍的區間，我要設定10倍或是95倍都是個人的自由。

在臺灣或中國想交易通常多是透過英美系主流的外匯經紀商，它們提供的槓桿倍數上限都相當的高，使用高槓桿賺的時候當然很開心，賠的時候可能不需3秒帳戶的錢就會空空如也，可說是比高空彈跳還要刺激多了。這個倍數通常可以事後向經紀商提出更改，我建議一開始可以選經紀商提供倍數中較小的（如1:50，1:25）來交易，等到經驗累積上手後再調整也都來得及。我個人初期交易時選的是1:100，不過最多也只作到50倍，近幾年都維持在20倍以下。2011年日本金融廳宣布將個人FX交易槓桿的上限定為25倍，這也使得喜歡高槓桿的日本投資者紛紛向日本以外的外匯經紀商申請開戶，因為海外的外匯經紀商仍然開放對個人提供到50-100的槓桿倍數。日本金融廳實行這個法令限制的理由說是保護投資者，強化風險管理以及抑制過度的投機行

為，英美等國將來會不會作出類似的限制不能說絕無可能，我認為槓桿如同「水能載舟亦能覆舟」，投資是個人行為，風險也是自行負責，交易前定好一個務必遵守的遊戲規則才是持續獲利的秘訣之一。

（三）賺取差價以及隔夜利息

　　隔夜利息的英文是Overnight Swap Point，也被稱為Swap Rollover，意思是指兩個國家貨幣利息的差。根據銀行的國際規則，隔夜利息核計時間以美國紐約時間17:00為準，在17:00以後成立的交易都被視為隔夜。FX交易的交割是在2個交易日後，隔夜利息是按照交割日來計算。當您買進A國貨幣過夜（也就是沒有平倉的狀態），而A國貨幣利率大於貨幣配對國的利率時，您就可以領取隔夜利息，反之亦然。譬如我星期一作USD/JPY的交易，買進美元10張過夜一直到週二賣出平倉，交割日會落在週三到週四，計息天數為一天。按照買進美元一夜的利息來算我可以得到的隔夜利息為12日圓×10張＝120日圓。相反地如果我是做空美元，賣出的隔夜利息為14元，我就需要支付14日圓×10張＝140日圓。這個隔夜利息的價格因經紀商而異，請注意這裡只是一個參考價。當您做買美元賣日圓（Long）的交易時，由於日圓的利息比美元的利息低，所以當運用利息較低的日圓買進美元時就可以獲取兩貨幣的利息差。相反地，如果賣美元買日圓（Short）的時候，就變成需要支付此利息差了。

表 1-1 世界主要貨幣配對隔夜利息列表（日圓）

Pair	Swap Short (YEN)	Swap Long (YEN)
EUR/USD	−20	16
USD/JPY	−14	12
GBP/USD	−12	8
USD/CHF	−7	3
EUR/CHF	−27	18
AUD/USD	−106	86
USD/CAD	16	-21
NZD/USD	−50	37
EUR/GBP	−1	0
EUR/JPY	−29	24
GBP/JPY	−31	26
CHF/JPY	−4	1
AUD/JPY	−115	104
CAD/JPY	−40	27
NZD/JPY	−106	90

Resource: FXCM, 2011

（四）最具世界觀也最敏感的市場

　　匯市在金融商品眾多市場中，一般被認為是對時事最敏感、反應也最快的市場。原因其實與上述所舉的它為24小時交易的特徵有關係。因為是24小時，所以不管是北半球或是南半球每一瞬間發生的如政治人物的談話，經濟指標的發表，央行利率調整，大災及戰爭等種種要素都會馬上影響到匯市，不會等到我們睡覺起來或等到開市時間才反映。由於FX交易都是兩國貨幣

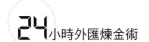

的配對，所以當發生一項事件（Event）時，首先需要判斷受到
影響最大的會是什麼國家或地域，哪一個貨幣會變得強勢或弱
勢。影響匯市的要因（Factors）實在是千奇百怪，投機面也多，
當然我們交易員能做的就是多累積經驗來培養對市場的敏銳度，
並掌握好一些可作為判斷的蛛絲馬跡來找出獲利機會。但是讀者
可能會問，要是為了累積經驗而繳了一堆學費，賠得鼻青臉腫該
怎麼辦呢？當然開立一個模擬帳戶也是一個好辦法，不過還必須
操作電腦或手機才能做似乎有一點費功夫。我建議各位一個最
省事的鍛煉方法，就是培養「世界觀」，並持有一套自己預測
的劇本（Scenario）。例如美國在每月第一週的週五會發表失業
率（Unemployment Rate），在發表前的幾週，每天多看新聞觀
察美國經濟及政治，自己判斷看看與前一個月比較可能會是改善
或是惡化的結果。就算沒有留過學，透過每日每週每月如此的訓
練，不知不覺地成為瞭解世界脈動的國際人，並且在多次自我預
測與市場走向相符時也能得到自信，這與接下來持有部位時的操
作是非常有益的。那麼匯市到底有那些風險呢？我在下面小節中
列出了風險種類，並在第4章提及風險管理的技巧，由於外匯價
格常隨著國際情勢發生超激烈的變動情形（Radical Move），如
果不作好風險的控制，不管是多麼精明的專業交易員或業餘投資
者，其寶貴的家當都有可能會消失在幾分或是幾秒鐘之間。

五、認識各樣風險

透過努力提升經驗及分析技巧，相信各位讀者在不久的將來
都可成為一位「贏多輸少」的交易員。為什麼我說「贏多輸少」
而不是「百戰百勝」呢？原因在於只要是投資行為就會伴隨著風

險，只要風險存在就不會有只贏不輸的神話，但是透過嚴格的風險管理（Risk Control & Risk Management）來掌握並控制部位的曝險狀態（Exposure）進而提高交易的勝率是大有可能的。FX交易的風險可以歸納為下列幾個部分。

（一）價格變動風險

這個風險是做投資首先會面臨的。FX交易中有時候會發生投資者一買進就跌，一賣空就上漲的情形，以為自己是不是運氣很背。即使已經下了功夫來分析預測，可是行情沒有一定說的準，可能在地球的另一邊有突發事件產生自己還後知後覺。特別是在交易一些價格波動區間較大如與英鎊相關的貨幣配對GBP/JPY（見彩圖8）、GBP/USD（見彩圖9）與GBP/CHF的時候，更是要充分理解貨幣的價格變動風險與其特徵再進行交易才是妥當。

彩圖10是以全世界交易量第2大的USD/JPY組合為例，給各位瞭解在價格變動與槓桿倍數等的相互關係。

1. 1USD＝80Yen時買進100,000 USD，在1USD＝82Yen時賣出，利益為[100,000×(82－80)]/82＝2439 USD
2. 1USD＝80Yen時買進100,000 USD，在1USD＝78Yen時賣出，損失為[100,000×(80－78)]/78＝2564 USD

若是您使用的經紀商對100,000 USD要求的保證金比率是5%，說明此交易的成立需要有5,000 USD的最低交易保證金在帳戶才可以。當運用100,000 USD作交易時槓桿倍數則為100,000 USD/5,000 USD＝20倍。這邊需要與各位提到一個叫做「保證金

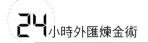

維持率」的概念。這個保證金維持率為何重要呢？因為如果沒有維持一個足夠的水準，等到蒙受損失太大超過了經紀商所定的基準時，就會被系統強制平倉而出局。舉上述的第2例來說，假設您存入帳戶的保證金總額為10,000 USD，則計算保證金維持率（％）＝（帳戶有效保證金／最低交易保證金）×100＝(10,000 USD －2,564 USD)/5000 USD×100＝148%。許多業者會設定一個百分比如維持率到達70%時為保證金追加的條件，如達到50%則為強制平倉。確切的百分比與所選用的經紀商不同，建議先行確認後再進行操作。

（二）利率變動風險

　　FX交易中隨著交易的貨幣配對的不同，投資者可以領取或是需要支付隔夜利息。隔夜利息多寡是受到各國政府利率的變動，當一國政府的決定要升息或降息時，隔夜利息也同樣地會受到影響。所以當您今天賣低利率的貨幣來買高利率貨幣時可以領到隔夜利息，但到了明年兩個國家中一個升息一個降息立場互換的話，反而變成要負擔隔夜利息也是有可能發生的風險。例如美國的聯邦基金利率（Federal Funds Rate）在2006～2007年時約在4.5%～5.25%的區間，而2009年起則降到只在0.00%～0.25%區間，這一種由政府主導的要因深深地影響了隔夜利息的價差以及投資人的操作模式。

（三）流動性風險

　　如果從事的貨幣配對是比較冷門且交易量小時，我們可視為這含有流動性低的風險。買進了但是賣不出去，能賣空但是無法平倉等等都是有可能發生的。不過這個風險是可以規避的，建議

各位讀者挑選貨幣組合時還是從主流配對著手，不僅資訊新聞等較充實流動性也高，交易獲利的機會也大的多。

（四）線上系統及人為風險

　　現在市場上的外匯經紀商及證券公司越來越多，對於投資者而言選擇多了當然是好事，不過另一方面令人煩惱的是不知道該選哪一家才好。本人從2005年起作FX交易至今，開了8家公司的戶，使用過8個不同的交易平臺。比起初期的系統現在的平臺可是非常的精緻，下單快速1秒以內完成，線圖美觀且各種技術分析功能任君挑選。要看出一個系統好不好需要觀察在有突發事件劇烈影響價格變動時，還能不能順利進行交易的動作。有時候持有買多部位時突然狂跌，此時系統機能若不夠優秀，就算按壞了賣出的鈕也沒轍，甚至給您來個停止交易或畫面凍結等也不是不可能，有一些公司為了防止這種情況，在非常情形時有提供電話來進行交易的服務。我強烈建議各位可多開幾個戶或是使用模擬帳戶來多試著操作各種類型的平臺，進而發掘一個最適合自己的系統。

　　人為風險的風險的這個「人」字指的就是我們自己，用自己的錢交易就如同自營交易員（Proprietary Trader）一樣，下的每一個單都是自己決定自己執行，當不幸地按錯鈕時，發生的人為風險也當是由當事者負責了。俗語說的好，連馬都會失蹄，只要稍有大意，任何人都有可能下錯單。記憶猶新的例子為2005年12月8日在日本發生的瑞穗證券（Mizuho Securities Co.）誤下單事件，交易員本來要下1股61萬日圓賣出的單，沒想到卻被誤下為每股1日圓賣出61萬股，造成東京交易所大亂連同證券公司也蒙

受了407億日圓的損失。無論您選擇的是哪一家經紀商，基本上現在的交易系統都很先進，在選取價格按下買進或賣出鍵後，還會跳出一個小視窗向您確認是否要以這個價錢作出買或是賣的動作，此時務必要睜大眼再確認一次，1秒鐘的疏忽有時候會將您累積好幾天賺的全部賠掉，實在不可大意。

（五）信用風險

我們在做FX交易時，所寄存在經紀商或證券公司保證金是作為一個擔保，當發生損失的時候即會從保證金中扣除，這些事項在開設帳戶的合約中都有說明，建議各位務必要詳細閱讀後再進行簽約。在契約中，有一點最重要的地方需要確認，就是經紀商等是以什麼方式保管各位的保證金。最安全的做法是經紀商等與銀行簽信託契約，將客戶的錢與自己的錢分開管理，萬一經紀商等有財務危機破產了，銀行的信託管理人就可以把錢返還給投資者。現在市場出現了越來越多的業者，除了世界級外資經紀商以外還有許多中小規模，當然各家的長處都是值得讚賞，不過就保證金是否有託付信託管理這方面，我認為是需要慎選一家配套完備的公司才是進行信用風險管理的第一步。

綜合上述內容，相信讀者對外匯已有了初步的概念，簡潔地定義FX交易即是「使用槓桿原理來買進或賣出某個貨幣配對的行為」。接下來的第2章是本書精華部分，不同於市面些許書籍花了很多篇幅談匯市趨勢而不言及「實際操作面」，也就是該如何選定適合自己的貨幣配對來交易，這些書籍可能可以培養人們成為外匯研究員，但是研究員實際下海能不能賺到錢又是另外一回事了。本人基於多年交易經驗認為看Trend當然是投資金融商

品時的基礎，但在外匯交易這種貨幣兩兩成對的特殊環境下，瞭解主流配對的特徵後按著自己的性格及投資目的來選取一個好的武器（貨幣配對）進入匯市戰鬥才是勝者之道。

六、交易之前需要瞭解的小知識

（一）貨幣組合的語法與看法

　　請各位參閱「賺取差價以及隔夜利息」的表，各位看一看與美元（USD）有配對的貨幣組合的長相，是否有發現一點點不一樣的地方？沒錯，有時候USD的位置在前，而有時候在後對吧！這樣的排列請朋友們理解為世界外匯市場的慣例，在您交易的時候不管使用哪一個平臺，USD/JPY的順序永遠是美元在前面，而不會看到有JPY/USD的排列。排在前面的貨幣請認知為這個組合的主語，再拿美元與日圓的例子來看；USD/JPY＝80代表1塊美元可以換80塊的日圓，「1塊美元」是這句話的主語。那麼當USD/JPY＝79的時候代表什麼意思呢？很簡單，思考邏輯與平常買東西一樣，80塊掉到79塊意味著變便宜，也就是說美元對日圓的價值減少——從80塊貶值到79塊。那麼請看EUR/USD這個配對，歐元的EUR在前面代表著它是主語，就是1塊歐元可以換多少美元之意。為什麼需要瞭解這個原理呢，其實我是希望各位在進入外匯交易之前可以建立一個正確的觀念來瞭解貨幣組合排列的邏輯，這樣在分析配對兩個貨幣的強弱時才不會弄糊塗了。

　　再以剛才的USD/JPY為例，其實當我們看新聞會發現有時候不瞭解匯市的記者會說「日圓對美元又升值，從78塊日圓兌換1美元升到了76塊日圓」。這句話有語病，請問各位聰明的讀者發現了吧？用「升」這個字但是數字居然變小，從78變小為76了！

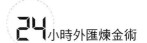

正確地說法應該為「美元對日圓貶值從1美元兌換78塊日圓降到了76塊日圓」。而事實上來看2011年Q3歐美債爆發期間的USD/JPY可以知道，由於日圓（與瑞士法郎）現在被國際視為最佳的避險貨幣，當恐慌發生時日圓被大量購買使得美元對日圓顯為弱勢，相對地日圓的價值升高，造成了美元對日圓成了貶值的情形。請朋友們今天就練習以排在前面的貨幣為主語來思考，瞭解貨幣組合的說法與看法是建立正確外匯邏輯的第一步。

（二）點——貨幣價格計算的單位

　　點，英文稱為「Pips」，是貨幣價格的最小單位。外匯市場在表示貨幣價格時的小數點最後一位即是「點」，而同一貨幣兩價格間的差則稱為「點差」。那麼最小單位要如何確認呢？請朋友們看看注意貨幣表示整數部分，如果接近100的話，貨幣價格則表示到小數點後第2位；如果整數部分接近1的話，貨幣價格通常則表示到小數點後第4位，具體例請看下面例子。

　　2011年12月中旬的實際交易價格為例

　　AUD/JPY＝77.31

因為接近100，所以它們的表示一般是到小數點後第2位。當我們在看貨幣組合的時候，請以一塊錢的（前一貨幣）等於多少錢的（後一貨幣）來思考。所以AUD/JPY＝77.31這個配對的最小單位，也就是它的點就是0.01。

　　接下來請再看：

　　GBP/USD＝1.5672

　　EUR/CHF＝1.2358

這兩種組合因為整數接近1，所以他們的表示一般是到小數點後第4位。請問各位GBP/USD＝1.5672這個組合的點是多少呢？沒錯，就是0.0001。

（三）貨幣的國際簡稱

　　認識貨幣的國際簡稱可以使您一瞬間就能判斷貨幣配對是由那兩國幣別所組成，國際簡稱是以3個英文字母來表示，是全世界通用的。以下列出了目前世界主流及新興國家的貨幣國際簡稱，讀者們多看幾遍熟悉之後，在平臺上操作時便能立刻上手。

表1-2　世界主流及新興國家的貨幣國際簡稱

英文簡稱	中文名	英文簡稱	中文名
USD	美元	TWD	新臺幣
JPY	日圓	CNY	人民幣
EUR	歐元	HKD	港元
GBP	英鎊	KRW	韓圓
AUD	澳元	SGD	新加坡元
NZD	紐元	IDR	印尼盧比
CHF	瑞士法郎	INR	印度盧比
CAD	加拿大元	THB	泰銖
ZAR	南非蘭特	PHP	菲律賓披索
BRL	巴西雷亞爾	MYR	馬來西亞令吉
RUB	俄國盧布	TRY	土耳其里拉

 深入研究1

外匯交易可以靠追新聞來賺錢嗎？

　　從結論來說，想靠追新聞來賺錢有2個方法：1. 比一般人更早獲得消息。2. 自己預測的內容及方向與實際新聞報導相符。

　　總體經濟對於外匯交易這個充滿世界觀的商品而言，其重要性是無庸置疑的。那麼我請各位朋友想一想，你們是從什麼途徑得知總經的最新消息呢？我想絕大多數的人都是從新聞知道，另外一小部分人則為記者以及當事者吧。我曾經在世界最大通信社之一的路透社工作，由於工作性質的關係無論是直接或間接地都有比一般大眾稍微早點知道消息的機會。不過就職之時都有簽訂禁止內線交易的條款，當然不會發生惡用工作資源的事。若是沒有這些法令的限制的話，就技術層面而言，是可以透過個人私下交易豪賺一筆，因為我比別人可以更早得到新聞情報。

　　但是除了上述人士可以先得知訊息以外，一般投資人透過所使用交易平臺功能的優劣也可以決定知道新聞的早晚，即便時間差可能連1分鐘都不到。通常交易平臺都會與路透社（Reuters）、彭博（Bloomberg）、道瓊（Dow Jones）與晨星（Morning Star）等通信社或媒體公司簽約，提供用戶金融相關即時新聞。透過平臺的這種服務，交易者可以比搜尋入口網站及電視更快的得到消息以及經濟指標的結果，這幾分鐘的「快」決定了賺多或賺少，也成為了決定交易平臺價值優劣的一個重要參考。

接下來談談第2個方法。舉對美元匯率波動甚大的美國失業率為例，假設此指標在2個月前是9.0，現在靠近了發表前一個月結果的日子，您對於結果如何還無法預測，此時該朝什麼方向來交易才好呢？證券公司分析師以及智庫的經濟學家等對各國時刻發表的經濟資料都會持續的分析並提供他們的預測，對金融業界專精的兩大通信社路透以及彭博對於市場專家們的預測進行統計計算出平均值，英文稱為Consensus Estimate/Forecast。這個代表市場看法的預測值在官方資料發表前就被公布，而無論是法人或是個人投資者對於預測值的期待在正式發表日前就會反映在價格上，當預測值為8.5比之前的9.0好時，美元就提前走強。相反地當預測值為9.5比9.0要糟時，美元就提前走貶。

　　當正式結果被發表，其結果如果恰好是9.0的時候會如何呢？根據我的經驗及統計結果，大部分都是呈現交易價格走平的局面。由於美國資料發表多在亞洲時間深夜，在這種市場不太動的時候，對於交易者而言實在沒有賺頭，建議各位可以直接去睡覺。要有賺頭就需要有Surprise，例如跌破專家眼睛的實際數值比預測值要高或低的局面，但是請問各位朋友有信心可以預測到實際數值與市場看法相反的結果，而從Surprise中獲利嗎？我相信在各位當中臥虎藏龍，一定會有這種能力的人，那麼您就可以很帥地在正式結果發表前就先布局要實行買進或賣空。但假設一部分人沒有這般技術，但又想從中賺錢時該怎麼辦呢？這個時候就需要快速的情報力以及高度的精神集中力在經濟指標發表後進場。快速的情報力取決於交易平臺，那麼精神集中力則是取決於自己。我可以很清楚的告訴還沒有實戰外匯交易經驗的朋友們，

重要經濟指標發表前後10分鐘的匯市變動速度遠超過您的想像，即便您在股市是老將，換跑道來作FX交易時也不一定耐得過猛烈飆動的貨幣走勢。在沒有出特別國際大事時，USD/JPY一天24小時平均的波動幅度約是60-70pips，但是指標發表前後僅10分鐘內，特別是在情勢不太明朗之時，其波動幅度超過1日圓，也就是100pips以上都是常見到的現象，在價格急速變動下此時若您的保證金不足，或是急速變動的價格掃到事前設定的停損點的話，很遺憾地壯志未酬身先「出場」，下次存夠錢再來。

　　精神需要集中在經濟指標發表後，因為這是戰場所以不容許一絲大意。首先確定發表的結果是比預期差還是好，按照結果分析可能的走勢並參考即時新聞中專家的評語。接下來觀察線圖運用技術指標來判斷趨勢（Trend），若是自信不夠建議分批下單。通常經濟指標發表後約5分鐘內可以看得出Trend，拖拖拉拉地下單反而會錯失機會，透過經驗的累積培養自己在數分鐘內有果斷的判斷力以及執行力，是想靠追新聞在匯市賺錢的必要條件。

第二章

實彈上陣卷 ——基本面篇

一、直接攻略主流六貨幣配對

　　這本書的主旨在於「如何從匯海賺到錢」，而不是對外匯與世界經濟作研究的題材，所以花太多功夫來進行偏向學術性質的探討是不切實際，我也相信各位朋友購買此書是為了以錢滾錢，而不是想進某機構當外匯研究員吧。所以撇開繞遠路從總體經濟這個大範疇來談到匯市，我採用對世界交易量最大的主流六貨幣直接切入，掌握貨幣特徵以及影響盤勢的金融指標來攻略主流貨幣配對並培養市場嗅覺，以此達到獲利目標。因為各位投資人進了戰場開始交易時絕大部分的交易選擇應與這六大貨幣脫不了關係。因為它們是主流，所以量大流動性也大，因為量大所以價格充滿變動與起伏，因為有足夠的變動您才能有機會運用本事來賺到錢。

　　可能有人會說，現在中國大陸那麼強，為什麼沒有提到人民幣呢？沒錯，中國大陸是超強國，但是人民幣的變動幅度受到大陸央行的管理，與主流六貨幣相比交易量小流動性也少，在外匯交易市場中仍然屬於冷門貨幣，不適合使用保證金來操作槓桿交易。

　　表2-1是國際清算銀行（BIS）2010年的統計資料，提供朋友們瞭解在世界外匯市場中，各個貨幣占總交易量的比率以及按照主要外匯市場國別的交易金額與比率排名。

二、貨幣別之交易量排名

表 2-1　貨幣別占總交易量的比率排名

排名	貨幣	外匯市場佔有率
1	美元	42.45%
2	歐元	19.55%
3	日圓	9.50%
4	英鎊	6.45%
5	澳元	3.80%
6	瑞士法郎	3.20%
7	加拿大元	2.65%
8	港元	1.20%
9	瑞典克朗	1.10%
10	紐元	0.80%
	其他	9.30%
	合計	100%

Source: Bank for International Settlements

三、主要外匯市場國家的交易金額與市佔率排名

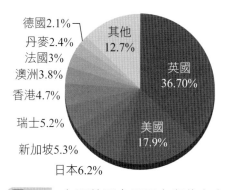

圖 2-1　主要外匯市場國家與佔有率

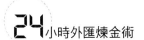小時外匯煉金術

表 2-2　主要外匯市場國別的交易金額與比率排名

排名	國家	USD（億元）	外匯市場佔有率
1	英國	18,536	36.70%
2	美國	9,044	17.90%
3	日本	3,123	6.20%
4	新加坡	2,660	5.30%
5	瑞士	2,626	5.20%
6	香港	2,376	4.70%
7	澳洲	1,921	3.80%
8	法國	1,516	3.00%
9	丹麥	1,205	2.40%
10	德國	1,086	2.10%
其他		6,471	12.70%
合計		50,564	100%

Source: BIS, 2011

表 2-3　主要貨幣組合之匯市佔有率比較

貨幣組合	2001年（%）	2004年（%）	2007年（%）	2010年（%）
USD/EUR	30	28	27	28
USD/JPY	20	17	13	14
GBP/USD	11	14	12	9
USD/AUD	4	5	6	6
USD/CHF	5	4	5	4
USD/CAD	4	4	4	5
EUR/JPY	3	3	2	3
EUR/GBP	2	2	2	3
EUR/CHF	1	1	2	2

Source: BIS, BOJ（3年1次調查，以每日平均交易量為準）

四、美元USD攻略

美國基本介紹（＊2017年5月統計資料）

總統：唐納‧川普（Donald Trump）

執政黨：共和黨

國務卿：雷克斯‧提勒森（Rex Tillerson）

Fed主席：珍妮特‧葉倫（Janet Yellen）

財務部長：史蒂芬‧姆努欽（Steven Mnuchin）

總人口：約3.13億人

首都：華盛頓哥倫比亞特區（Washington, D.C.）

前4大都市圈：紐約市，洛杉磯，芝加哥，休士頓

面積：約962.9萬平方公里（臺灣約3.6萬平方公里）

（一）經濟檔案

貨幣名表示	USD
中央銀行機構	聯邦準備理事會 （Federal Reserve Board, Fed）
市場利率	Federal Funds Rate
名目GDP（Nominal GDP）	185,690億USD（2016年）
人均GDP	57,436 USD（2016年）
失業率	4.7%（2016年）
外匯存底	3,837.3億USD（2016年）
消費者物價上升率	1.27%（2016年）

Source: The World Bank, IMF, OECD, MOFA, JETRO

（二）關於美元（USD）

　　美元又稱為世界的儲備貨幣，不但被各國政府所持有作為主要的外匯存底，同時也被廣泛利用在環球貿易及金融交易之中作為計價貨幣。在外匯市場，與美元相關的貨幣組合占了大半，擁有壓倒性的交易量及流通量，因此美元的變動對國際經濟的影響甚大，舉凡美國的聯準會利率、經濟指標到政治人物的發言及外交政策等都會對匯市整體帶來重大影響。

（三）美元價格變動

　　當世界發生重大事件與動盪時，美元基於避險的理由在市場上被買入，美元對於其他貨幣會有升值的趨勢。看**彩圖11**EUR/USD與**彩圖12**GBP/USD的圖，我們可以知道美元在2008年次級房貸風暴時被狂買，對於歐元及英鎊等多數主要貨幣是升值的情形。這其實在預料之中，因為一直以來包括1990年爆發波斯灣戰爭的時候也是一樣，當世界發生重要動盪，投資人信心倒退，市場為了逃避風險而去購買被作為儲備貨幣的美元。

　　但是美元的「強」其實在銳減當中，長久以來「出事買美元」的公式發生了變化。次級房貸風暴發生之後，隨著美國國內財政赤字及對外貿易赤字的擴大，加上去年美債被降評，失業率居高不下等種種因素，美國這位長久君臨天下霸主的信用力已大不如前了。同樣是動亂的例子，2011年1～2月中東及北非發生嚴重紛爭，世界重要產油國利比亞的內戰及埃及反政府示威使得人心惶惶，國際原油價格飆破每桶100美元的大關。但是當我們再來看**彩圖13**EUR/USD的動向時，不知道朋友們有沒有發現有點奇怪，沒錯，美元不但沒有被狂買，反而是歐元呈現升值狀態，

發生了「出事賣美元」的現象。這可以說明在市場來看美元的價值已不如前，反倒是當時受希臘等國債問題籠罩之下的歐元，相對地還比美元更受青睞。反觀**彩圖14**的USD/CHF我們可以發現市場在這期間狂買瑞士法郎，美元對瑞士法郎則是大幅的貶值。

　　美元地位在國際市場上的走弱使得以前一些視為常理的概念漸漸變得無法適用，外匯市場瞬息萬變，當投資者發現比美元更強、更有安定性的標的物時，資金就會移動到那裡去。為了成為外匯交易的贏家，掌握貨幣間價格變動與強弱趨勢的變化是絕對必要的。無論是從世界匯市的交易量或是與他國貨幣的配對數來看，美國依舊是占了最大比例，包括我自己以及大部分的外匯交易人在投資實務上最常選擇的也是與美元有配對的貨幣組合。不論美元是被看多或看空，它是具有最大影響力的主角之事實沒有改變，若您想從匯海撈錢為自己每月加薪10萬臺幣，掌握美元趨勢並觀察各種指標來預測其動向便是您邁向成功的第一步。

（四）基本面之分析

　　接下來介紹實際交易絕對用得上的重要經濟指標，本人從大大小小數十個中精選了12個實用的包括生產活動、雇用、利息、景氣、製造業及不動產等的指標，提供與美元配對的交易來使用。我盡可能地以簡潔扼要的語詞來介紹各個指標的內容以及它會帶給美元走勢的影響，希望讀者們讀了以後可以馬上應用在每日的交易。這些指標大部分都是每個月會接續公布，透過每個月的預測來培養感覺，當累積了一段時間，各位朋友們不知不覺當中看趨勢變得越來越準時，基本面交易的樂趣來了，除了錢以外還能享受到一種滿足感，這是只有匯市贏家才可以理解的感覺。

以下是我以2012年1月為例所整理出來包含與美元相關12個精選指標的月曆。我建議各位，無論是新手或是經驗者都可以養成作這種交易月曆的習慣，雖然大部分的平臺都有提供指標的日期及時間，但是多半為縱向瀏覽形式。花10分鐘下點功夫把對交易有影響的事件整理為一目瞭然式的Outlook月曆，幫助自己把握並留意任何可以賺錢的機會與時機。

表 2-4 以2012年1月為例與美元相關12個精選指標月曆範例

日期時刻皆為美國當地時間						
Sunday	Monday	Tuesday	Wednesday	Thursday	Friday	Saturday
1/1	1/2	1/3 10:00 a.m. ISM製造業	1/4	1/5 10:00 a.m. ISM非製造業	1/6 08:30 a.m. 失業率與非農雇用	1/7
1/8	1/9	1/10	1/11	1/12	1/13	1/14
1/15	1/16	1/17	1/18 08:30 a.m. PPI	1/19 08:30 a.m. CPI、住宅完工建設許可	1/20 10:00 a.m. 中古屋銷售	1/21
1/22	1/23	1/24	1/25 02:30 p.m. FOMC利息公布	1/26	1/27 08:30 a.m. GDP	1/28
1/29	1/30 08:30 a.m. PCE	1/31				

（五）影響美元的基本面指標

1. 利率類指標

(1) 聯邦基金利率（Federal Funds Rate）：

　　美國聯邦準備系統（Federal Reserve System, Fed）也就是美國的中央銀行，當然其發布的指標十分重要，對美國的金融、貨幣、利率水準及景氣都會產生影響，國際匯市與股市也隨著其結果而變動，特別是在與市場預想不同發生Surprise的時候。故我們作為交易者雖然不太需要像研究員或經濟學家一樣去詳細分析造成指標結果的原因是什麼，但是注視結果並預測對相關貨幣配對的趨勢走向是必要的。以下是需要留意的重點指標。

　　聯邦公開市場委員會（Federal Open Market Committee, FOMC）的貨幣政策。FOMC是Fed裡的中樞機構，主要負責制定美國的貨幣及金融政策。每6週舉行1次，一年會舉行8次會議來發表聯邦基金利率（Federal Funds Rate）的誘導目標值區間。FOMC共有12名委員，分別由Fed理事7名加上紐約聯邦儲備銀行總裁，以及另外從其他地方聯邦儲備銀行總裁中選出的4名總裁。每一次會議結束後會公布聲明文（FOMC Statement: Monetary Policy Releases），這個聲明文大多不超過A4兩頁，但其內容實為簡潔有力。開頭多是介紹當時經濟環境、就業情形、企業設備、不動產投資及通膨狀況等判斷材料，接下來公布利率的目標值區間以及對於促進景氣的所有措施等，最後還會有對當次決定投贊成及反對票之委員的姓名。（見彩圖15）

http://www.federalreserve.gov/newsevents/press/monetary/20111213a.htm

(2) 聯邦基金利率為何重要呢？對匯市的影響是什麼？

　　Fed的主要任務為：1.決定並執行金融政策；2. 美國國債的公開市場操作（Open Market Operation）；3. 監督並管理銀行業；4.營運銀行間在線資金結算系統（Fed Wire）等。其中對匯市具有最大影響力的莫過於第1項的「金融政策」了，近來耳熟能詳的一連串QE（Quantitative Easing；量化寬鬆）的決定也是包含在Fed的金融政策之中。簡單來說，金融政策就是藉由調節貨幣供給，提高或降低利率來控制景氣及刺激經濟。例如，當不景氣的時候調低利率並增加貨幣量來使促進景氣向上等。利率調整與通貨膨脹（Inflation）的抑制及通貨緊縮（Deflation）的改善是息息相關的，例如通膨就是指物價水準處於上揚的狀態，當景氣好的時候對於財貨的需要增加超過了供給，供需之間發生不平衡的現象，物價隨之上漲而貨幣的價值下跌，而抑制通膨使供需回到平衡即是Fed重要的使命。（見彩圖16）

　　當FOMC宣布升息時，代表經濟走強景氣好，美元隨之升值。升息意味著您將錢存入銀行可得到較高的利息，理所當然地所存入的「錢」，也就是美元的人氣升高價格也往上走了。相反地若宣布降息代表經濟走弱強景氣不佳，美元則會趨向貶值。那麼，升息及降息的影響這麼大，作為交易者該如何蒐集資訊來推測是升息還是降息呢？如同其他經濟指標，市場在FOMC會議之前都會有一個預估平均值（Consensus），這個預估值則是拿來與正式發表數值比較孰高孰低或是持平，我們透過平臺新聞或是其他媒體都可以得知預估值的消息。作為判斷利息動向一個很重要的參考是在FOMC會議前2週的星期三（美國時間）公布的《當前經濟狀況的評論摘要》（*Summary of Commentary* on Current Economic Conditions），又被稱為《褐皮書》（Beige Book）。簡單地來說，讀者可把這個Beige Book視為美國地區聯邦儲備銀行的經濟報告書。它包含了全美國12個聯銀管轄區域的經濟動態，由匯整當地企業家及學者等的看法所編輯而成，作為Fed委員們判斷全美各地經濟狀況以便判斷是否調整利息。Beige Book對於我們投資人而言是極為有用的參考資料，在Fed的官方網站就可以閱讀。不過分量約50頁的英文報告對於包括我以及許多忙碌的朋友都是需要花上些時間，好在Fed很親切還有提供Beige Book的摘要，建議挑選重要地區聯銀，如紐約、芝加哥與三藩市的摘要，瞭解一下當前美國國內情勢，來建立利息預測的概念。

2. 雇用類指標

　　美國的失業率及非農就業人數是在作與美元配對之交易時必須掌握的數據，就我實際操作的經驗來看，這兩個雇用類指標在許多基本面指標之中對美元的價格走勢來講是影響力最大，也是測試投資人心臟夠不夠強的指標。當然我在本章所介紹的已經是本人從眾多基本面指標中所精選出來的鑽石組合，但若是各位朋友說：「在沒有時間的情況，如果就美元來說只選1種指標要看哪個？」我會回答「請您務必要看雇用類指標」。失業率及非農的發表時間一樣，都是在美國時間每1個月的第1個週五，臺灣時間大約在週五晚上的8～9點左右，因為有夏日時間（Summer Time）的關係，確切的時間請朋友在交易平臺上確認。

　　失業率的公式為「（失業人數／勞動力人數）×100」，是由美國勞工部每個月對超過6萬戶進行問卷調查而統計出來的資料。非農就業人數換句話說就是指自營業者以外之受薪階級的人

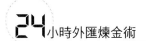

數增減，是由美國的30多萬家企業提供的薪資數據來進行統計，失業率及非農是最能直接反映出美國經濟與景氣強弱的指標，受到全球法人及個人投資者的矚目，由於是每個月的發表，對於追蹤美國經濟動向是極為重要且有效的指標。失業率升高以及非農就業人數減少都會成為美元貶值的因素，失業的人口增多即代表能夠消費的族群減少，GDP即隨之滑落成為一個負面連鎖，美國政府及Fed甚至會依其情勢來改變金融政策。（**見彩圖17、18**）

失業率及非農的兩個指標都需要把當月數字與前月數字來比較才看得出所以然，特別是其結果若與市場預測值有較大差異時，數據公布後隨即會發生美元對其他貨幣的急速升值或貶值，拿JPY/USD來說，1秒上下個50 pips都不罕見。對於市場預測或是自己的分析有信心的人若是把部位放對地方，龐大的利益是不可限量。但若是不想在結果公布前進場，建議可以在數據發表20分鐘內來判斷應該要Ask或Bid，即使不能從頭賺，花20分鐘看好趨勢來從中途賺起我認為也是有智慧的抉擇。

3. 消費生產類指標

FOMC會議舉行前一個月內的各項美國大小經濟資料的確認也是必作的功課。特別需要注意的有：1.消費者物價指數（Consumer Price Index, CPI）；2. 生產者物價指數（Producer Price Index, PPI）；3. 個人消費支出指數（Personal Consumption Expenditures, PCE）。

(1) 消費者物價指數（Consumer Price Index, CPI）：

美國CPI由勞工部統計，於美國時間每月15日左右發表，提供消費者購入商品與勞務的價格指數，是一個可以觀察通貨膨脹

水準的指標。特別需要注意不涵蓋食品及能源的「核心指數」
（Core CPI）的變化，由於食品及能源易受氣候、產量及石油出
口國的政治等因素影響，其價格變動幅度大，所以將這兩類商品
除外來計算。CPI對城市居民的所有支出與消費（不包括投資支
出）進行調查，物件內容達到2000種以上。當Core CPI上升時，
一般來說會帶動美元的升值，但這並不是絕對，還需要與PPI及
PCE的結果進行比較觀察後更為有效。（**見彩圖19**）

(2) 生產者物價指數（Producer Price Index, PPI）：

　　相較於CPI是代表買家的消費端，生產者物價指數PPI則代
表賣家的生產端，此指標調查1萬種左右的物品銷售價格來統計
生產者在出貨時點的價格變動，是作為判斷通膨的指標之一。與

表 2-5　CPI變化對美元走勢影響

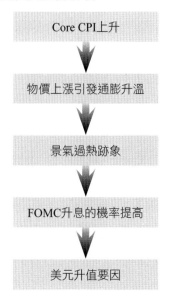

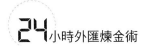

CPI一樣是由美國勞工部進行統計，於美國時間每月15日左右發表，基本上會比CPI稍微早一些被公布。

(3) 個人消費支出指數（Personal Consumption Expenditures, PCE）：

每個月底左右由商務部發表的指標，看PCE可以知道個人消費的物價動向如何。由於美國GDP的約70%是個人消費，當PCE持續增加時會帶動GDP的成長，每個月發表的PCE可以作為每季度發表一次的GDP之先行指標。這個指標單獨看對交易並不會有特別幫助，我想強調關於在交易與美元配對的貨幣組合時請以CPI與PPI為主，PCE為輔，稍微留意一下與前一個月的變化，瞭解趨勢即可。

(4) GDP統計:

國內生產總值GDP（Gross Domestic Product）指的是一個國家整體在一定期間內（每年或每季）生產的所有最終財貨及勞務的市場價值總額，是以在一個國家範圍內被生產出來的財貨及勞務的市場價值作為著眼點，與從一個國家的國民生產出來的國民生產總值GNP（Gross National Product）的以生產者的國籍作為著眼點的觀點是不同的。根據2011年世界銀行（World Bank）的資料顯示美國的GDP占了世界的約23%，它的表現不只對美國經濟，對全世界的景氣也具有十分大的影響力。GDP數值是每季公布一次，例如1～3月的結果在4月份會出來。4月份公布的數值稱為初值（Quick Estimate, Quarterly Estimate）。但是除了初值以外還有兩個數值也會被公布，一個是修正值（Revised Estimate），在初值的1個月後公布。另一個則是終值（Final

Estimate），在修正值的1個月後被公布出來。說到這裡各位可能有點一頭霧水，覺得GDP不是變成每個月都有嗎？沒錯，美國每個月都會發表GDP，但是最重要的是其中的初值，在每年的4月、7月、10月及1月發表。所以當看新聞時聽到「美國最新一季的GDP結果出爐，比前期成長了百分之⋯⋯」的時候，一般指的是這個初值。由於初值3個月才發表1次，其影響力及受矚目程度是相當大，重點在於它的結果比市場的預測是強還是弱。關於交易方面，如果GDP初值結果較前期佳並比預測值好的話，相對於配對的外幣而言美元通常會呈現升值；若是較前期差或比預測值差的話，美元則會走向貶值。

　　此外還有一點需要注意的就是「改定值」，當美國發生突發狀況（例如氣候天災或美國債遭降評等）導致改定值被大幅度修正時，對與美元配對的貨幣組合便會帶來意外的衝擊，特別在發表之前1、2小時內的價格容易發生劇烈高低起伏，此時建議等待改定值公布半小時到1小時後，觀察技術指標抓到趨勢再持有部位較妥當。（**見彩圖20**）

4. 房地產類指標

　　可分新屋開工數（Housing Starts）、中古屋銷售件數（Existing Home Sales）、新屋銷售件數（New Home Sales）。以公布時間來看，新屋開工數是房地產類3指標中最早出爐的，約在每月的15日左右。新屋開工數的增加代表景氣良好。一般而言，這個指標具有一個輪迴性的特徵，也就是：新屋開工數的增加→景氣擴張→央行升息→購買新屋者減少→新屋開工數減少→景氣衰退→央行降息→購買新屋者增加→新屋開工數的增加。接

下來到了每月的25日左右，輪到了中古屋銷售件數與新屋銷售件數的發表。我建議各位把這3個指標當成1組來看，如果月中的新屋開工數的結果不錯，月底的兩個銷售件數的成績也較前個月增加的話，就具有較大的把握作為判斷景氣處擴大狀態的依據，美國的景氣若好就成為了美元升值的一大要素。但是這裡有一點需要請各位注意，相信許多人去過美國觀光或求學，對當地美輪美奐的獨棟住宅應該很嚮往吧。美國大多數的房地產就屬於獨立屋（Single Family House），而這種獨棟的木造屋能不能如期完工需要「看天吃飯」。美國國土廣大，龍捲風、洪水與冰雹等天氣現象無奇不有，如此的天候因素對美國的房屋完工及銷售帶來不小的影響。提醒朋友們在看房地產類指標時配合注意美國的氣候新聞，多加思考當次數值的增加或減少是否有受到了天候的暫時性影響，才不會誤下判斷。（見彩圖21、22、23）

5. ISM發表指標

有ISM製造業指數，ISM非製造業指數。（見彩圖24、25）ISM是供應管理協會（Institute for Supply Management）的略稱，在每個月初發表製造業及非製造業的指數，指數通常以50%為判斷的分界點，高於50%的話可視為製造業／非製造業處於景氣擴張狀態，低於50%則意味著景氣的萎縮及衰退，距離50%越遠顯示其擴張或衰退程度越大。ISM製造業指數反映製造業在生產、訂單、存貨、價格、雇用等各方面發展狀況，基於對全美超過400人以上的採購經理人實施的問卷結果而製成。ISM非製造業指數則是代表了服務業等非製造業的景況，調查方法與製造業指數相同，並一樣是以50%作為分界點來判斷其景氣動向。2個指

數由於直接反映了在最前線實務專家的感受及看法，是非常受到市場矚目的指標。特別是ISM在每個月第一個營業日發表前個月製造業指數，在每個月第三個營業日發表前個月的非製造業指數，作為經濟指標月曆中的首兩號先發打者，不管對於法人或個人投資者，都是作為分析當月景氣走向的重要參考資料。

　　而對外匯交易者而言，需要留意新發表的結果與事前市場預測值的差異程度。例如市場預測值是45%而12月結果是48%時，雖然都小於50%的分界，但是當結果比預測值好的時候，投資者感覺到沒有比想像的差所以買入美元，造成美元升值。另一方面市場預測值是50%而12月結果也是50%時又是如何呢？這個時候會有2種可能性。第一，市場對持平結果感到失望，認為沒有好的材料支持景氣往前的動力，使得美元貶值。第二，結果雖然持平但市場認為壞材料已經出清，景氣接下來會往好方向走，使得美元升值。若是朋友們想以ISM指數作為材料來交易，我建議Day-trading即可，因為單看ISM指數來判斷買賣方向是有風險的。若想放長線釣大魚做中長期交易的話，則需要配合觀察雇用類指標的情形才能更看清美國的景氣趨勢。

五、日圓JPY攻略

日本基本介紹（*2022年7月統計資料）

內閣總理大臣：岸田文雄（Kishida Fumio）

執政黨：自民黨

官房長官：松野博一（Matsuno Hirokazu）

日本央行總裁：黑田東彥（Kuroda Haruhiko）

財務大臣：鈴木 俊一（Suzuki Shunichi）

總人口：約1.3億人

首都：東京都（Tokyo）

前4大都市：東京，大阪，名古屋，橫濱

面積：約37.8萬平方公里

（一）日本經濟檔案

貨幣表示	JPY, Yen
中央銀行機構	日本銀行（Bank of Japan）
市場利率	Overnight Call Rate Target
名目GDP（Nominal GDP）	49,370 億 USD
人均GDP	39,339 USD
失業率	2.82%
外匯存底	14,053 億 USD
消費者物價上升率	-0.26%

Source: The World Bank, IMF, OECD, MOFA, JETRO（2021年底統計資料）

（二）關於日圓（JPY）

談到日圓首先需要瞭解日本這個國家的特徵。日本的名目GDP在2010年度被中國超越之前一直是僅次於美國的世界第2大經濟體。現在雖然退居到第3名，但還是維持在5.4兆美元的水準，是德國的約1.5倍，印度的約3倍，臺灣的約11倍，雖然人們關於日本的印象常覺得這個國家不景氣很久了、沒有未來了等，但就客觀的資料而言，日本仍然具有不容忽視的經濟規模。日本的特徵簡單來說有：

1. 日本是出口導向的國家

比起世界大國，日本的領土小，人口也只有約1.3億，在內需早已飽和的狀態下，日本企業早在1980年代就紛紛進攻海外市場，擴大貿易版圖，靠著外銷及海外投資，企業們荷包飽飽，當時三菱集團甚至把美國紐約第五街的洛克菲勒中心（Rockefeller Center）都買下來，讓老美對日本企業的財力都給嚇倒了。

根據日本JETRO對製造業作業員勞動成本的統計資料，日本每月每人的平均工資為3,099美元，是臺灣同產業平均工資888美元的約3.5倍，中國大陸217美元的約14倍。勞動成本如此之高，加上世界最高的高齡化比率23.1%（65歲以上人口／國家總人口）以及少子化比率13%（15歲以下人口／國家總人口）的一個背景之下，缺乏低廉勞工及足夠內需的日本經濟，強烈依賴著海外勞動力以及出口業的支撐。

當然眾所皆知Made in Japan的產品精美又耐用，各國消費者寧願多付一點錢也購買日本貨，在景氣越好時日本產品賣的越好，日企的業績表現也更佳；相反地世界景氣越差時日本的出口業績便下滑，加上近年日圓被世界大國們視為避險貨幣，每逢金融危機時日圓被狂買而升值。例如日圓對美元每升值1元，豐田汽車TOYOTA的營收，就因匯兌損失約400億日圓，這樣的情形更使得日本的景氣雪上加霜。

2. 日本是島國，領土狹小缺乏天然資源。

在先天不良的環境下各項資源仰賴進口，日本能源的自我供給率（Self-Sufficiency Rate）僅4%，食物自我供給率也只有約40%，特別是石油、天然氣及銅等能源的進口率幾乎達到百分之

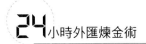

百，所以當因戰爭或天災等因素，國際商品期貨價格的劇烈變動，對於日本經濟是具有特別大的影響力，對於日本民眾的日常生活也會快速地帶來衝擊。

3. 政治經濟政策受到美國強大影響

日本與美國的關係是切分不開的，這與歷史背景有關。二次世界大戰後敗戰的日本即沒錢也沒軍力，1951年日本與美國簽訂了三藩市條約及安全保障條約，日本決定提供領土給美國設立軍事基地來交換美國的軍事保護。這對於日本來說一直以來都是個痛，美國如同位居於優越地位地保護日本，而日本政府對於美國總是個不敢說不的Yes Man。現在日本沖繩縣本島領土的約20%都是美軍基地，除了土地以外還要出錢補助美軍駐軍費，但是美軍帶給沖繩的卻是曾出不窮的犯罪事件、墜機爆炸、噪音等多種負面傷害。除了政治以外，在經濟層面上美國是日本的第二大貿易國，美國對日本一國的貿易赤字就占了總貿易赤字的約10%，而美國也是除了中國以外對日本從事直接投資最大金額的國家，兩國的關係十分緊密，誰也少不了誰。貿易赤字的問題耐人尋味，對於USD/JPY的交易帶來實質影響，雖然有一點複雜，但還是希望朋友們在這裡能下一點功夫，多瞭解一點日美貿易關係。

所謂的貿易赤字（Trade Deficit）或貿易逆差指的就是一個國家的進口額超過了對外出口額的狀態，相反狀態則是貿易順差（Trade Surplus）。美國的貿易赤字對於日本而言是貿易順差，代表了日本出口到美國的貿易額大於日本進口美國貨的貿易額，換句話說日本透過交易而到手美元的量比支付美元的量要來的大。基於上述邏輯，當美國貿易赤字增加時會發生美元走貶而日

圓升值的情況。每個月20日前後會公布美國貿易收支的資料，雖然長久以來都是呈現赤字的情形，但是在做外匯交易時必須留意的是與前個月的數字相比，赤字規模的擴大或縮減程度，若是大幅擴大則會成為美元貶值的材料。

（三）日圓價格變動

　　由於資源困乏及外銷大國的背景，日本從國外進口許多原材料進行研發製造，所以會帶給日圓價格變動的要因主要有：1.商品期貨價格的變化；2.貿易對手國的國情及經濟狀況；3.日圓利差交易，Yen Carry Trade；4.來自日本央行的政策干預。前2點在上述段落已有言及，接下來把焦點放在大家可能較為陌生的利差交易。所謂的利差交易Carry Trade指的是借入低利率國家的貨幣，然後運用低利率貨幣去交易高利率貨幣計價的金融商品賺取其中的利差。日本長期以來在世界上屬於超低利率的國家，因此各國法人投資者借入日圓從事的投資行為稱為日圓利差交易。舉例來說，日圓的調度成本利率是1%，澳元的利率是6%，借入日圓後再賣掉日圓來買進澳元作為投資部位，如此就可以賺取5%的利差，此時如果日圓對澳元走貶的話還能賺到價差。之後若日圓的利率大幅升高或日圓大幅升值使得調度成本變高的話，把當初借入的日圓還回去即可。由於大家是把借到的日圓拿去賣，當日圓利差交易越盛行的時候，日圓越發貶值而高利率對手貨幣如美元等則是更加地升值。第4的央行干預在2011年的衝擊強烈，一向在美國面前是乖乖牌的日本政府，為了維護國家利益，在10月31日投下歷史性最大資金約9兆日圓，狂賣日圓買進美元來阻止日圓史上最大升值 1 USD＝75.35 JPY。此猛藥一下，USD/

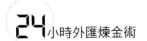

JPY立即跳到 1 USD＝79.53 JPY，瞬間日圓急速貶值了4.18元。（見彩圖26）

　　中央銀行的干預一般來說有2種，一種稱是單獨干預，如同日本10月的這次介入。單獨干預顧名思義即是一國政府為了抑制本國貨幣過度升值或貶值而由該國財政機關單獨採取的貨幣干預行為，其目的在於矯正偏激的價格變動並誘導至均衡的水準；其反義詞為協調干預，是以G7等已開發國家為主體來協調，為了避免某一國或數國貨幣的劇烈變動影響到世界經濟而實施的貨幣干預行為。大家記憶猶新的2011年3月11日的日本大地震海嘯發生後，日圓瘋狂升值到了1美元兌76日圓的水準，此時日本政府與美國等商量實施了協調干預，可是效果不佳也不持久，所以才會一路又升值到了10月的1美元兌75點多日圓的水準。

　　與日圓配對的多為世界主要貨幣組合，外匯交易者在日圓價格對他國貨幣呈現偏激情況時必須細心注意日本的新聞，不懂日文沒關係，下列我列了幾個可以用中、英文讀日本財經新聞的日本當地網站，希望各位朋友可以參考利用。若有讀者懂得日文，我還推薦路透社日本新聞網站，雖然是以前的老東家，但這可不是老王賣瓜自賣自誇，路透社日本新聞網站的財金新聞是媒體中最豐富也最快速的，特別是它有外匯新聞專欄，每日一讀對培養投資感頗有幫助。此外華爾街日報的日文網站也很值得參考。如有消息指出日本政府的單獨干預，這可成為大大發財的機會，注意日本央行行動有益無害，益就是在日圓對如美元等升值過高時進場持有ASK（買進）部位，跟著央行干預坐上日圓狂貶的發財火箭。無害指的便是至少不要持有BID（賣出）部位，被干預行為掃到使自己數秒內痛苦出場。

日本經濟新聞中文版http://zh.cn.nikkei.com/

獨賣新聞英文網站http://www.the-japan-news.com/

朝日新聞英文網站http://www.asahi.com/ajw/

路透社日文網站http://jp.reuters.com/

華爾街日報日文網站http://jp.wsj.com/

（四）影響日圓的基本面指標

　　諸如美國的經濟指標在日本也都有類似的，但並不是每一個都對日圓價格會造成衝擊，例如日本的失業率及房地產相關指標就對日圓在外匯市場的影響不明顯。下面我所列的皆為在作日圓交易時需要留意的指標，由於數量不多但極具重要性，希望投資者務必掌握其動向。

1. 全國企業短期經濟觀測調查（日銀短觀，Tankan）

　　這個指標是日本央行每季公布的統計資料，日文發音為Tankan，意思為Short-Period Economy Observation，是觀察日本經濟現況及動向的重要指標，對日圓的變動有相當大的影響力。公布時期分別為4月、7月、10月及12月。央行針對資本金達10億日圓以上的大企業及資本金2千萬日圓以上的中小企業之中抽樣1萬家公司，使用問卷的形式對公司的設備投資及營收、生產、資金調度情形，未來3個月的業績預測等作調查。從問卷的結果中算出回答對未來業績持樂觀看法企業的比率，然後減去對未來業績持悲觀看法企業的比率，若結果為正數或當季數字優於前季，則代表民間企業對前景看好，在對手貨幣國沒有發生特別事件的前提下，一般來說會帶動日圓趨向升值。（見彩圖27）

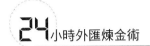

2. 機械接單統計（Survey of Orders Received for Machinery）

日本內閣府每月對全國主要的280家機械製造業者的接單金額進行統計，作為掌握設備投資以及經濟動向的重要資料。每月10日前後公布2個月前的結果，例如1月份的接單結果在3月10日左右公布。由於調查的是接單狀況，所以可以從調查結果得知每個企業實施設備投資的動向，在日本被視為預測6個月後投資動向的領先指標。一般而言，受到矚目的是「來自船舶及電力公司以外的民間接單」，因為這類產業的接單時期通常不固定，無法作為一個持續性供參考的數值。

3. 街頭景氣調查（Economy Watchers Survey）

這個資料對於反映日本社會的真實景氣好壞是有相當高的可信及參考度。原因在於它的調查物件及方法，街頭景氣調查是由日本內閣府每月中旬公布前個月的結果，將日本全國分成11個區塊，分別對感受景氣特別敏感行業的人們（如計程車司機、汽車銷售員、超商及超市店長、製造業工廠老闆等）進行問卷調查，內容分為現行景氣判斷以及未來2～3個月的景氣判斷，作為領先指標提供給市場一個預測景氣動向的依據。使用方法為觀察DI值（Diffusion Index）的高低，若是超過50則代表景氣擴張，低於50代表景氣惡化。若是同樣低於50但是當月數值結果優於前月，可視民間對日本景氣回復呈積極看法，若是同樣高於50但當月數值結果低於前月，可視為對景氣持續維持擴大局面呈消極看法。原則上，當景氣呈擴張趨向時會帶動日圓的升值。

六、歐元EUR攻略

歐盟基本介紹（＊2022年7月統計資料）

歐洲理事會主席：烏爾蘇拉・馮德萊恩（Ursula von der Leyen）

歐洲議會議長：羅伯塔・梅特索拉（Roberta Metsola）

歐洲中央銀行總裁：克裏斯蒂娜・拉加德（Christine Lagarde）

德國總理：奧拉夫・朔爾茨（Olaf Scholz）

法國總統：埃馬紐爾・馬科龍（Emmanuel Macron）

義大利總理：馬裏奧・德拉吉（Mario Draghi）

總人口：約5億人

加盟國數：27國

官方語言：24種

面積：約432萬平方公里

（一）歐盟經濟檔案（2021年底統計資料）

貨幣表示	EUR
中央銀行機構	歐洲中央銀行（European Central Bank, ECB）
市場利率	Minimum Bid Rate on the Main Refinancing Operations
名目GDP（Nominal GDP）	152,764 億USD
人均GDP	41,504 USD
失業率	6.4%
外匯存底	3,076 億 USD
消費者物價上升率	8.6%

Source: The World Bank, IMF, OECD, MOFA, JETRO

（二）關於歐元（EUR）

歐元，目前高達23個國家使用的法定貨幣，紙鈔如同玩具般的色彩鮮豔卻融入了世界最高技術的防偽效果，無論從視覺及觸覺都有辦法分辨其真實性。歐元在精神層面上，更是把加盟國人民的心緊緊拉在一起，產生一種強烈的團結及認同感。1999年歐元正式導入後，歐元在外匯市場交易量排行裡成為僅次於美元的主要貨幣。在世界各國外匯存底貨幣排名上目前歐元雖然是第2名，但其每年的增加比率不斷地升高，與10年前相比增加了約60%，相反地第1名美元的比率則是逐年減低。歐元的誕生對歐洲圈的資本與勞力的自由化及財貨的流通都有正面的幫助，並提升了歐洲整體的國際競爭力。

歐盟區最大的交易所屬德國的法蘭克福，以4～10月的夏季時間來看是在臺灣時間下午3點開始一直到隔天凌晨的1點，而英國倫敦市場開始於1個小時後的下午4點。歐元交易的活絡時間便是從約歐洲兩大市場同時交易的下午4點開始，加上美國紐約市場在晚上8點開市後，歐元交易可說是戰況激烈，與美元比較起來，歐元的價格變動要更快且上升及下降的幅度更大，對於白天上班累的半死的上班族而言，若是晚上回家想作歐元配對的超短線交易的話，我建議挑體力較充足的日子會比較好。以我的交易經驗來看，例如EUR/JPY一個晚上跌或漲個200 pips也不算罕見（GBP/JPY亦是如此，甚至更激烈），若沒有聚精會神目不轉睛的交易或忘了設停損點就去睡覺，可能幾個小時後再看交易螢幕時會發現家當都賠光了。相對地，當投資判斷正確時歐元交易的這種幾個變動幅度的特徵也能使您在短時間內就荷包滿滿，兩面刀端看您如何來下決定，下列是觀察走勢時需要注意的經濟指

標，為了交易的高效率化以及減輕無謂的負擔，我已經從眾多指標中精選出了極重要特A級的部分，希望讀者們務必將它們留在腦海，交易前定時確認。

（三）歐元價格變動

　　歐盟27國的老大哥就屬德國了，拿2011年的GDP為例，光德國一年GDP的36,290億即占了全歐盟GDP總額177,200億的約5分之1，比位居老二的法國之GDP足足高了約30%，2008年雷曼兄弟（Lehman Brothers）金融危機後，法國扮演了歐洲領袖的角色，提出了許多改革方案。

　　但是隨著2011年中越演越烈的歐債危機，法國巴黎銀行（BNP Paribas）及法國興業銀行（Societe Generale）等大銀行紛紛出事，法國陷入自身難保局面，經濟一變弱政治上講話也大聲不起來。反倒是德國國內生產總值年增長率表現出色，近年來一直高於法國和歐盟平均水準，且失業率和財政赤字比低於歐盟平均，德國在經濟上強大使得它在歐洲及全球發揮了重大的影響力。（見彩圖28）

　　2009年底發端的歐洲債務危機是歐洲一體化的危機，歐豬五國（PIIGS）等的國家經濟不景氣也使得德國的出口受到較大影響，德國在歐洲債務危機中積極地扮演解決問題的角色，不單單地是出於歐州盟友國的情誼，更是為了避免本國利益受到負面打擊而使經濟發生衰退。讀到這裡相信各位朋友可以瞭解到德國在歐洲的分量以及領袖地位，這個歐洲最強國的經濟政治之風吹草動，對於歐元交易價格亦會產生相當大的影響。以下的精選指標請交易歐元配對組合的投資者務必留意，包含德國的IFO與歐盟

區的PMI。

1. 德國IFO商業景氣指數（IFO Business Climate Index, IFO Index）

　　IFO是位於德國慕尼克的有名研究所，全名為Information & Forschung，是一個獨立性的經濟智庫組織。IFO以德國各個產業的約7000家企業為對象，調查企業們的現狀以及6個月後對經濟的看法來統計商業景氣指數，由於IFO在每個月下旬都發表現狀指數以及期待指數，不但對於德國景氣及未來趨勢的些許變化都具有高敏感度以及快速報導性，對於歐元交易市場以及歐元區經濟的體質狀況均具有重大的影響力，是交易EUR的投資者必定要掌握的指標。IFO Index以100為分界，若大於100表示景氣擴張前景看好，會帶動歐元的升值；相反地如果小與100代表景氣呈衰退局面會導致歐元轉貶。IFO在性質上類似日本的短觀，在看此類指標是單看當月數值是無法判斷對EUR的影響為何，與前一個月結果以及與發表前市場之預測值相比才是最重要的。（**見彩圖29**）

2. 歐元區採購經理人指數（Euro-zone Purchasing Managers'Index, European PMI）

　　歐元區PMI是由Markit Economics公司所統計公布的數值，對製造業企業主就製造流程相關環節，如訂單量、生產量、產品價格與存貨水準等作問卷調查，反映了企業一般的經濟活動，藉以從中測量景氣動向。由於調查手法是針對客觀的資料而不是企業主的主觀看法，所以對瞭解事實情況具有高可信度，受到市場的信賴。歐元區PMI的一大特徵，在於歐元區PMI的調查方法與

中國及英國等的PMI調查方法是一樣的，故還可以對不同國家的PMI進行比較來分析國際景氣力道，且每月中旬進行統計在次月分的月初即發表結果，速報性使得PMI成為市場矚目的經濟領先指標。再者，歐元區PMI與歐元區GDP通常呈正相關，由於PMI為每月公布，比GDP每季公布的頻率要來得高，更新的數值越發能反映時間點當下的狀況，觀察PMI可以分析GDP的走向，實謂一石二鳥。PMI以50為分水嶺，若大於50表示製造業景氣強，會成為歐元升值的材料；相反地，如果小於50代表景氣處較弱局面，會構成歐元的貶值要素。歐元區PMI與歐元區GDP的比較可見**彩圖30**，其相關性與聯動性可謂一目瞭然。

七、英鎊GBP攻略

英國基本介紹（＊2022年7月統計資料）

女王：伊麗沙白2世（Elizabeth II）

首相：鮑裏斯‧約翰遜（Boris Johnson）

執政黨：保守黨

央行總裁：安德魯‧貝利（Andrew Bailey）

財政大臣：裏希‧蘇納克（Rishi Sunak）

總人口：約6,300萬人

首都：倫敦（London）

前4大都市圈：倫敦，伯明罕，曼徹斯特，里茲

面積：約24.4萬平方公里

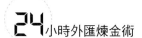

（一）經濟檔案

貨幣表示	GBP
中央銀行機構	英國中央銀行（Bank of England, BOE）
市場利率	Current Bank Rate
名目GDP（Nominal GDP）	31,876 億USD
人均GDP	47,202 USD
失業率	4.5%
外匯存底	1,940 億USD
消費者物價上升率	2.59%

Source: The World Bank, IMF, OECD, MOFA, JETRO（2021年底統計資料）

（二）關於英鎊（GBP）

　　英國，以前又被稱為日不落帝國，曾經擁有世界四分之一領土的國家，是19世紀到20世紀初的世界霸主。經過世界大戰後國力雖然大不如前，名目GDP也排行到了世界第7，但是在金融資本市場上仍然居世界領導地位，位居英國首都的倫敦外匯市場是世界上最大的市場，它的交易量就占了世界的3成以上，與亞洲外匯市場的尾盤及美國外匯市場的前盤交易時間重疊是他的優勢。

　　談到英鎊就需要提到1992年9月16日的黑色星期三（Black Wednesday）。國際著名基金經理人的喬治索羅斯（George Soros）在1990年時認為參加歐洲匯率機制（European Exchange Rate Mechanism, ERM。為歐元導入前的一個固定匯率機制，限

制參加國匯率變動幅度在±2.25%的範圍之內）的英國，其英鎊
價值被明顯高估，升值達到過高局面。所以索羅斯決定瘋狂賣空
英鎊使它貶值，他並且看準了英國中央銀行的英格蘭銀行會全力
守護匯率。結果果然如Soros所預期的一樣，他賣空了超過100億
美元的英鎊，獲利約10數億美元。由於在9月16日英鎊跌幅超過
2.25%，迫使英鎊退出ERM，從9月17日起恢復浮動制匯率。黑
色星期三又被稱為「英鎊危機」（Bond Crisis），此事件過後的
ERM參加國在1999年成為了歐元加盟國，而英國至今一直都沒
有加入歐元區。（**見彩圖31**）

　　英國不加入歐元的原因除了上述的間接原因外，最主要的還
是在於政治問題。1997年起開始擔任英國首相的布萊爾（Tony
Blair）雖然想加入歐元區，但是與反對黨的保守黨一直難以達成
共識。並且，約7成的英國民眾始終呈反對的態勢，這也成為英
國政府一個主要難以選擇加入歐元圈的原因。現在回頭來看，因
著英國沒有加入歐元也因而躲過了歐債風暴，能夠對本國的貨幣
及利率政策擁有自主權，世事多變可說是始料未及，身為個人外
匯投資者的我們雖不能像索羅斯一招就賺一筆天文數字，但是我
們可以做的是在瞬息萬變的市場中持續地發現趨勢的變化，進而
從中有穩定的獲利。

（三）英鎊價格變動

　　英鎊目前為世界交易量排行第四名，特徵為六大主要交易貨
幣中每日平均高低價差以及高低價變動率最猛烈的貨幣，例如
GBP/JPY的價格變動率平均約為USD/JPY的1.3～1.8倍左右，有
時候甚至達到2倍，而GBP/USD的變動率一般而言也比EUR/USD

要來得大。因著GBP的價格變動率大的緣故，法人機關與個人交易者都十分矚目，因為只要眼光準、下對投資判斷，其獲利也是極度可觀；相反地，當看走眼時的損失金額也是非常大的。

對於交易英鎊我覺得最貼切的可以說是「投資與賭博只有一線間」。法人交易GBP/JPY或GBP/USD時多半是憑著一個合理的根據與邏輯來買賣，因為法人Trader對公司負有一個說明責任（Accountability）。但是個人投資者交易英鎊常常是衝著它大漲大跌的變動性（Volatility），當作是賭博在作，反正不是買就是賣，有沒有壓對寶看運氣的想法實在危險。對於其他貨幣也是一樣的道理，特別是在交易GBP時，建議投資者特別問問自己這個買與賣的抉擇是一時興起與否後再下單為上策。對於擅長技術分析的朋友而言，英鎊則是一個很好的投資工具，不論是買進或是賣空，透過極短線的Scalping（數秒到數分鐘的對沖）或Day-Trading（當日對沖）一天來回多次累計賺個100pips都不是問題。

英鎊交易價格的劇烈變動原因與在上述日圓部分提到的利差交易（Carry Trade），由於英鎊高利率的關係，投機性投資者運用低利率貨幣如日圓或瑞士法郎去交易以英鎊計價的金融商品，從中賺取利差。這樣的行為使得與英鎊配對的交易中充滿了較多的投機金流，導致GBP價格變化的波動較其他主要貨幣組合大得多。

經濟指標方面最重要的莫過於是MPC的決策內容了。英國的利率政策是由中央銀行的英格蘭銀行（Bank of England）中的金融政策委員會（Monetary Policy Committee, MPC）來決定，因此這個MPC的一舉一動就非常重要了。MPC的會議由9名委員組

成，每月上旬的週三及週四舉行。MPC結束後並不會馬上發表結論，必須等到兩週後「MPC議事錄」（MPC Minutes）公布之後，市場才能知道英國央行對利息調整的決定。MPC議事錄的結果對於GBP可算是有最大影響力的指標，若說掌握MPC就掌握GBP可一點都不為過。其他指標如每月CPI及每季GDP，兩者結果若較前月上升或超出市場預期則對GBP升值有利。

八、澳元AUD攻略

澳洲基本介紹（＊2022年7月統計資料）

總理：安東尼・阿爾巴尼斯（Anthony Albanese）

執政黨：工黨

央行總裁：菲利・普洛威（Philip Lowe）

財政部長：吉姆・查默斯（Jim Chalmers）

總人口：約2,272萬人

首都：坎培拉（Canberra）

前4大都市圈：雪梨，墨爾本，布里斯本，伯斯

面積：約769.2萬平方公里

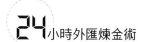

（一）經濟檔案

貨幣表示	AUD
中央銀行機構	澳洲準備銀行（Reserve Bank of Australia, RBA）
市場利率	Cash Rate Target
名目GDP（Nominal GDP）	16,332 億USD
人均GDP	63,529 USD
失業率	5.1%
外匯存底	584 億USD
消費者物價上升率	2.82%

Source: The World Bank, IMF, OECD, MOFA, JETRO（2021年底統計資料）

（二）關於澳元（AUD）

　　澳洲是世界上屈指可數的天然資源國，也因著這個關係其經濟以及物價變得容易受到商品期貨（Commodities futures trading）的交易價格所左右。例如近年成為經濟大國的中國和印度等新興國家的崛起，這些國家急速的發展基礎建設時需要大量的資源如煤、鐵礦石與原油等，需求量擴大也使得商品價格逐年持續提高。澳洲雖然是個天然資源國，但是原油及石油製品不足，而需要仰賴從海外的進口，為了彌補資金不足，澳洲政府提高利息從海外聚集錢。高利息的魅力，不論是FX交易時的Swap Interest Rate 或是以澳元計價的基金等商品都成為投資者青睞的投資亮點。

（三）澳元價格變動

　　表2-6及2-7分別是澳洲的物品別進口及出口資料，雖然澳洲也有進口原油及石油製品，但是天然資源的出口額來得更大，因此商品價格的上漲對澳洲而言還是有利。商品價格上揚時的出口量增加，意味著外國需要使用更多的AUD來向澳洲購買各樣產品，出口量增加就會帶動澳元的升值。比較下方澳紐兩國的出口產品詳細圖可知道，紐西蘭雖然也是天然資源國，可是多數以酪農及食品為主，與澳洲的能源礦產的資源有所不同。並且，澳洲是紐西蘭最大的出口對象，紐元（NZD）受到澳元的聯動影響大，但在FX的世界中NZD的交易量只能排到第10名，與第5名的澳元還有一大段距離，還算不上主流的貨幣。（**見彩圖32**）

表 2-6　澳洲2010年各類物品進口額及百分比

	金額（AUD:MM）	%
原油	16,218	7.7
轎車	15,917	7.6
石油製品	9,968	4.7
醫藥品	7,839	3.7
非貨幣用金	7,046	3.4
資料處理機器	6,526	3.1
貨車	5,957	2.8
電話	5,650	2.7

Australian Bureau of Statistics

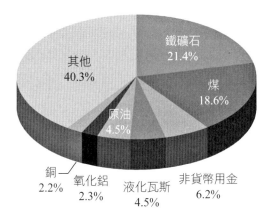

其他 40.3%

鐵礦石 21.4%

煤 18.6%

原油 4.5%

銅 2.2%　氧化鋁 2.3%　液化瓦斯 4.5%　非貨幣用金 6.2%

圖 2-2 澳洲2010年各類物品出口百分比

表 2-7 澳洲2010年各類物品出口額及百分比

	金額（AUD:MM）	%
鐵礦石	49,382	21.4
煤	42,968	18.6
非貨幣用金	14,265	6.2
液化瓦斯	10,508	4.5
原油	10,502	4.5
氧化鋁	5,232	2.3
銅	5,030	2.2
其他		40.3

Australian Bureau of Statistics

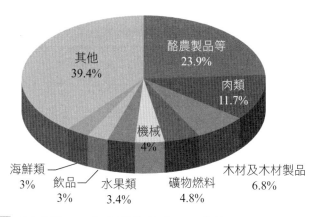

圖 2-3　紐西蘭2010年各類物品出口百分比

表 2-8　紐西蘭2010年各類物品出口額及百分比

	金額（NZD:MM）	%
酪農製品等	10,415.00	23.9
肉類	5,089.40	11.7
木材及木材製品	2,948.90	6.8
礦物燃料	2,067.60	4.8
機械	1,722.30	4
水果類	1,471.00	3.4
飲品	1,312.40	3
海鮮類	1,307.10	3
其他		39.4

Statistics New Zealand

　　由於澳元走勢易受商品價格影響的緣故，當商品價格跌落或是市場發生對商品利空新聞時，法人投資者常大量賣出澳元使得AUD發生急貶情形，反之亦然。由於上述關於澳元的特性，AUD與GBP相比，其價格的變化激烈度有過之而無不及，加上AUD的交易量又比GBP來得少，當有大筆資金進出時澳元價格很容易隨之發生大的波動。

　　對AUD的價格會產生影響的經濟指標有：1. GDP：基本原理與介紹他國GDP時的說明大致相同，但需要特別注意的是澳洲的氣候狀況。澳洲地大天氣偏乾熱，若發生長時間或大規模的乾旱、森林火災及洪水時，對國家經濟所帶來的損失很有可能會壓低澳洲GDP的數值；2. RBA（Reserve Bank of Australia）議事聲明：在每個月第一個週二與週三澳洲的中央銀行RBA會發表聲明決定升降息事宜，一般而言若升息會使得AUD升值，降息的話AUD則會呈貶。2009年後澳洲國內失業率呈下降趨勢，GDP逐年表現也佳，目前看來近期RBA大幅實施降息的可能性不大，這些跡象都可以作為中期交易AUD的策略；3. 消費者物價指數CPI：澳洲的CPI與每月發表的國家如美國的CPI不同，是每季度發表一次，因此發表時的衝擊力也來的較大，當CPI公布值不如預期或是比前季滑落時，AUD會趨向貶值走勢。澳洲的經濟指標公布時間大都落在臺灣時間的AM 06:30～09:30之間，因此這段時間常會有較劇烈的價格波動，對自己眼光有自信的朋友們想賺錢可是要早起哦。（見彩圖33、34）

九、瑞士法郎CHF攻略

瑞士基本介紹（＊2022年7月統計資料）

聯邦總統：伊尼亞齊奧·卡西斯（Ignazio Cassis）

財政部長：于利·毛瑞爾（Ueli Maurer）

央行總裁：湯瑪斯 喬丹（Thomas Jordan）

總人口：約873.6萬人（2021年底瑞士聯邦統計局資料）

首都：伯恩（Bern）

前4大都市圈：蘇黎世，日內瓦，巴塞爾，伯恩

面積：約4.13萬平方公里

（一）經濟檔案

貨幣表示	CHF
中央銀行機構	瑞士國家銀行（Swiss National Bank, SNB）
市場利率	3-month LIBOR Target Rate
名目GDP（Nominal GDP）	8,125 億USD
人均GDP	93,719 USD
失業率	2.97%
外匯存底	11,093 億USD
消費者物價上升率	0.58%

Source: The World Bank, IMF, OECD, MOFA, JETRO（2021年底統計資料）

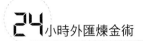

（二）關於瑞士法郎（CHF）（Confoederatio Helvetica
　　　Franc，拉丁語）

　　談到瑞士各位朋友會想到什麼？是阿爾卑斯山脈的少女峰還
是名錶勞力士呢。我想瑞士這個國家最大特徵就在於它是世界的
永久中立國（Permanently Neutralized State）的身分，從1821年
在維也納會議被承認以來一直維持中立國到現在。因著這樣的
背景，在世界發生戰爭或金融危機之時，瑞士法郎被市場視為
避險貨幣，大量被購買而升值。各位記憶猶新的2011年8月美國
債被降評後CHF大幅升值的情形就是個很明顯的例子。前述日圓
部分也有提到日圓是個避險貨幣，與瑞士法郎可說是哥倆好。
將USD/JPY與USD/CHF的10年價格走勢作比較，可發現具有極
高的相關度（Correlation），是有名的正相關貨幣配對。瑞士與
日本一樣維持低利率政策，所以Carry Trade也被應用在瑞士法郎
上，投機性資金的進出十分頻繁。

（三）瑞士法郎價格變動

　　瑞士的規模經濟與上述大國相比相對較小，經濟指標的影響
力對CHF不甚明顯。下面列出的是少數會左右瑞士法郎價格變動
的指標：1. KOF領先指數：KOF是蘇黎世聯邦工科大學經濟研究
所每個月發表的指標，對工業及批發等經濟行動作綜合性的統計
來預測瑞士國內未來2季的景氣發展，由於是瑞士國內對景氣看
法最早被公布的領先指標，市場投資者都十分關注其結果，CHF
也對其結果會有敏感的變動；2. SVME採購經理人指數：可以視

為瑞士版的PMI指數，針對瑞士製造業經營者及採購經理人對接單以及進貨價格等作調查而統計的綜合指數。以數值50為判斷景氣的分界線，50以上為景氣擴張對CHF升值有利，50以下視為景氣衰退成為CHF來貶值因素。與其他指標的判斷原則相同，一樣需要與前月數值相比才有意義。

對於欲交易CHF的投資者，我建議還是需要關心國際局勢以及歐洲市場的變化趨勢，如同交易日圓時一樣，注意觀察世界景氣的起伏就能知道避險資金及投機資金往哪裡竄。此外，2011年9月歐美債危機如火如荼發生時，瑞士央行（Swiss National Bank, SNB）宣布無限地進行干預外匯的行動，採取的手法是買進EUR賣出CHF來迫使CHF貶值。此舉奏效，9月5日的干預使EUR對CHF急速升值如同坐火箭（**見彩圖35**）。其實SNB行動之前已有暗示CHF過度升值所以將採取行動，若是沒有敏感的嗅覺而還賣空EUR/CHF，這一衝可就瞬間將部位瓦解而出場了。

九、南非ZAR攻略

這次改版新增南非的介紹，相信許多從事FX買賣的朋友在交易系統上可以看到如USD/ZAR、ZAR/JPY等組合。作為經濟新興國家貨幣的南非幣確實有它的魅力之處，但另一方面也存在著與歷史悠久的世界主流貨幣不一樣的風險，希望各位讀者能夠透過以下的介紹對南非幣能夠更加理解。南非幣正式名稱為蘭特（South African Rand），貨幣英文標示是ZAR。

（一）經濟檔案

貨幣表示	ZAR
中央銀行機構	南非儲備銀行
名目GDP	4,180 億USD
人均GDP	6,950 USD
失業率	34.2%
外匯存底	575 億USD
消費者物價指數上升率	4.5%

Source: The World Bank, IMF, OECD, MOFA, JETRO（2021年底統計資料）

（二）政治面

　　南非的政治情況在非洲大陸中算是相當安定的國家，但是周邊國如辛巴威、莫三比克的政情仍然不算穩定，當有突發事件發生時，便導致ZAR受到牽連而貶值。

（三）高利率

　　新興國家貨幣的共同特徵便是貨幣的高利率，ZAR也不例外。在交易量、市場需求性及安定性方面拼不過主流貨幣，便以誘人的高利率來吸引投資者買進，當然此種的高報酬（High return）伴隨著高風險（High risk），但「不入虎穴，焉得虎子」的道理各位都懂，這是投資的最基本前提。相較於世界主要先進國家，以南非ZAR計價的商品利率還是維持較高的水準，較常看到的有ZAR計價的債券。

（四）黃金價格

　　由於南非是全世界產黃金最多的國家，ZAR特別容易受到金

價的影響。一般來說，金價上漲，則ZAR升值；金價下跌，ZAR隨之貶值。對商品期貨有研究的朋友特別適合兼做ZAR的投資。

（五）流動性

ZAR與世界主要貨幣相比，流動性較低，價格較容易受市場少數參加者影響，發生劇烈價格波動的頻率也稍高。交易時，建議作為風險分散的一環，在主流貨幣交易之餘來買賣ZAR，並維持較高的保證金比率。

（六）主要經濟類指標

1. 南非中央銀行利率公布

南非儲備銀行（The South African Reserve Bank，簡稱SARB），為南非中央銀行，每個月下旬都例行性地公布央行利率，此指標的變化會直接衝擊ZAR的走向，建議投資者按時追蹤。

2. 消費者物價指數（CPI）

如同其他國家消費者物價指數的地位，在南非CPI也不例外。CPI如果為正數代表物價走通貨膨脹，若為負數則代表往通貨緊縮方向走。CPI對央行的利率設定會帶來影響，而央行利率會直接與ZAR走向聯結，故此指標的觀察極其重要。

3. 國內生產毛額（GDP）

南非的GDP為每季度的公布，與前期以及與前年同期的比較特別重要，對ZAR的走勢有強烈影響，務必追蹤。

十、結語

談了主要國家的貨幣及其經濟指標，我的結語是無論數值結果出來是多好，若是與市場事先預測值相同水準的話，可視為好材料出清，欲交易配對組合的「主貨幣」（例如USD/JPY的美元，EUR/USD的歐元）被賣而貶值；比事先預測值「相對」要糟時，譬如如PMI雖然數值有超過50%的分界但是若沒有大家預測得那麼好，此時市場感到失望賣出交易主貨幣而發生貶值的情形是常常有的模式。

相反地，無論多麼不理想的數值結果，如果與市場事先預測值相同水準的話，可視為壞材料出盡，交易主貨幣被買進而升值；當比事先預測值「相對」來得好時，市場感覺到雖然結果算不上好但也沒有比想像得那麼差，常會發生交易主貨幣隨之升值的情形。

單單看數值的大小冒然進行交易是危險的，盼望讀者們可以瞭解到經濟指標應用在交易的精髓在於掌握「相對」的概念。好在大部分指標都是每月更新，這個月沒有掌握好的話下個月還有機會改進，透過每個月的實戰經驗累積，相信各位的「勝率」也會越發提升，進而維持一個安定且持續的獲利成績，這也就是我寫此書希望貢獻給各位朋友們的主旨所在。

 深入研究2

拿自己錢出來投資的勇氣

　　看到有錢人吃好用好會羨慕嗎？還是會嫉妒呢？仇富的心態會使人難以成為富人，學習富人的態度及價值觀是加入他們行列的第一步。絕大多數富人都會作投資來以錢滾錢，資產運用對他們來說是極重要之事。恭喜買本書的各位已經入了資產運用的大門，就算還沒有開始投資，至少有想透過24小時交易的外匯市場來投資的心是很可貴的。特別是使用自己的錢做投資判斷時，承受賠錢的壓力是非常大，這個比拿錢買基金但績效不好時候的壓力來的大得多了。

　　談到了基金，根據金融專門雜誌*Absolute Return＋Alpha*2011年4月發表的調查結果，2010年對沖基金經理人報酬排行榜第一名是John Alfred Paulson。雖然他最近陷入苦戰，但之前連續數年獲得了高達20%～40%以上操作報酬率的好成績，例如他在2010年個人收入為49億美元，比Facebook 2010年營收的2倍還多，是喬治索羅斯（George Soros）2010年收入的10倍。他能夠創下此歷史紀錄與他的操作風格很有關係，除了他準確預測次級房貸及證券化商品的崩壞以外，他對於自己的眼光及判斷充滿信心，據說Paulson常投入自我資產到自己的對沖基金裡，不僅使顧客賺錢，也使得自己荷包滿滿。

　　相信許多讀者有投資過基金的經驗，在基金說明書或是合同上常會在不起眼的位置以小小的字表示：「本基金不表示絕無

風險。基金經理公司以往之經理績效不保證基金之最低投資收益；基金經理公司除盡善良管理人之注意義務外，不負責本基金之盈虧，亦不保證最低之收益」。看起來是不是有點饒舌，那麼我個人來翻得白話一點即是「本基金的風險說不準，我們以往之經營績效有賺，但不表示您老兄買了以後也會賺，所以不管您是賺錢還是賠錢我們不負責哦」。當然了，投資是自我責任原則（Rules of Self-Responsibility），可以瞭解，不過當經理人眼光差導致績效慘賠時，鮮少看過他們出來道歉（PIMCO的Bill Gross是例外）。在不違反利益衝突（Conflict of Interest）的前提下，像Paulson投入自我資產到操作的基金的行為是一件好事，這可帶來2種效果。第一，對自己分析判斷充滿信心的具體表現；拿別人的錢操作與用自己的錢交易時的感覺是差很大的，特別是在成績不好的時候，賠到自己錢時是會痛到心窩的。換句話說，一位經理人若把血汗錢放入投資組合（Portfolio）裡，無庸置疑地代表他具有十足的把握與自信。第二，可成為募集法人客戶時表現說服力的活招牌；一支基金其實相當大的部分是由法人持有的，如保險公司和年金資產管理機構（Pension fund management association）等。而這些機構多屬於數年的長期投資，資金規模也龐大。當面對這些VIP客戶時，經理人投入自我資產的這種行為模式在客戶的眼裡看來意味著「玩真的」，當然對基金公司的營業活動來說便有了極強的加分作用。

建議各位朋友下次打算投資時也可以注意，看看有沒有新聞訊息等提到經理人投入自我資產，這也可成為您選擇標的物的一個參考。

第三章

實彈上陣卷 ——技術分析篇

　　基本面談完了接下來進入技術分析篇。關於股票的技術分析的書琳琅滿目，臺灣電視節目有許多老師們也會對股票表現提供他們的有關技術面的意見，不過請注意，對一個已經結束的盤去說些什麼如同放馬後炮，因為可以有太多種方式來自圓其說。不管是基本面或技術面的分析，重點都在於「未來」，而不是對過去結果的檢討，特別用的是自己的錢，更是開不起玩笑的。當單從基本面看不出明顯跡象，或者是從事極短線Scalping或Day-trading時，技術分析都可以幫助投資者作更具有買或賣根據的判斷。什麼叫做絕招（Trump Card）呢？絕招就是一拿出來就必殺之技術，重要的是它的「有效性」及「破壞力」是最大的。其他會很多功夫，但都是花拳繡腿的話，還不如習得一個絕招就好了。我推薦的以下技術指標，都是基於實際外匯交易經驗中感覺到最有效，最派上用場的。數量不算多但都是上選中的上選，也因著每一個都是精選，希望朋友可以在短時間學起來，立即應用在每日的交易中。

一、支持線（Support Line）和阻力線（Resistance Line）

　　談到外匯交易的技術分析就不得不談到兩種超級重要的線——支持線與阻力線。這兩種線是移動平均線（Moving Average）的活用，投資者視支持線為貨幣價格下跌的底線，也就是說再怎麼跌都不會跌破這條支持線所代表的價格，由於買方在支持線區域持續買進而構成了一股力量阻止價格的下跌。隨著交易時間的經過，一條短的支持線可能衍生出另外一條支持線而構成了逐漸上升局面；但是當一波撐了較長時間的支持線被跌破

時，常常發生的是一瀉千里的局面。

　　相對地，阻力線則被視為價格上揚的上限，阻力線所代表的價格成為了盤勢上漲的阻力。一般而言當大盤缺乏上漲動力時，貨幣價格會在接近阻力線區域呈鋸齒形走勢來回震盪，上漲到阻力線又回落到原先價位。也就是說貨幣價格上漲了一段時間或是達到了某個價格後受到欲獲利了結者的賣壓影響，而缺乏了進一步的上漲空間。一般而言，當阻力線被挑戰多次，終於被突破時經常呈現的是一段大漲格局。

　　接下來直接看圖舉例來解說支持線（Support Line）。

（一）支持線（Support Line）

　　支持線指的是在價格上升趨勢中連接多個谷底並傾斜向右上的一條直線，在某一段時間區間的圖形中可以畫出許多條支持線以及阻力線。每一條支持線與阻力線都可以做為參考，但是其所代表的力道是不一樣的。一般而言，支持線所跨越的「時間間隔」越長（例如8小時線圖的時間間隔大於1小時線圖），接觸到價格波段中的低點的次數越多所發揮的支持力越大。（見彩圖36）

（二）阻力線（Resistance Line）

　　阻力線是在價格下降趨勢中連接多個波段山峰並傾斜向右下的直線，阻力線在一個圖形中存在多條，每一條的阻力線所代表的阻力是不一樣地。與上述支持線原則相同，接觸到價格波段中的高點的次數越多，所發揮的阻擋力道越大。（見彩圖37）

　　兩條線同時並存在一段時間盤勢中（見彩圖38）。

　　從事外匯交易，線圖是絕對不可缺的武器，從短線交易的15

分鐘線圖，1小時線圖，4小時線圖到中長期的日線、週線與月線圖等等，依照交易平臺的不同，投資者可以選擇需要的技術分析指標作為參考，並訂做喜歡的K線蠟燭及背景顏色，利用作圖工具畫出支持線與阻力線。在不同期間的圖形中，支持線及阻力線對長期走勢所產生的影響遠大於短時間圖形的影響。在實際交易中要注意技術分析不能過度局限於短期市場的劇烈波動卻不關心長期價格走勢的趨勢。否則會使自己落入「見樹不見林」的光景，而難以從FX交易中獲得持續性及大幅度的收益。

二、一目均衡表（Ichimoku）

原報社記者的細田悟一花了7年的時間研究股票分析，以一目山人（Ichimoku-sanjin）的筆名在1936年發表了稱為「一目均衡表」的技術分析指標，除了股票投資以外也被應用在外匯交易分析上，是少數由日本人發明的國際通用的指標之一。除了個人投資者以外，金融機關交易法人在作技術分析時也十分仰賴一目均衡表，被外資交易員簡稱為Ichimoku。

長年在外匯交易市場，Ichimoku被投資者視為最重要且準確率最高的技術分析指標，在舉凡數十個外匯相關的技術指標中，若是只選一個指標當作武器來做交易的話，二話不說就屬Ichimoku了。Ichimoku容易嗎？坦白來說並不簡單，畢竟細田先生當初也花了寶貴的7年才創造出來，但前人種樹後人乘涼，經過多年演化後，現在只要按著簡潔的步驟把Ichimoku的心臟之5條線學起來，您就如同得到了技術分析界的葵花寶典，幫助您橫掃匯海。

Ichimoku的重點在於瞭解時間的走勢來分析「什麼時候會發

生行情變化」以及「現在的價格處於什麼位置」。5條線的基礎
公式如下：

（一）算式

基準線＝（含當日的最近26天的高價＋含當日的最近26天的
　　　　低價）÷2

轉換線＝（含當日的最近9天的高價＋含當日的最近9天的低
　　　　價）÷2

領先間距線1＝（基準線＋轉換線）÷2 的值紀錄到26日後

領先間距線2＝（含當日的最近52天的高價＋含當日的最近
　　　　　　　52天的低價）÷2的值紀錄到26日後

落後間距線＝當日的收盤價紀錄到26日之前

（見彩圖39）

（二）代表意義

1. 基準線

在Ichimoku中扮演核心基準線，作為其他線的比較對象，代
表的是盤勢方向性的目前位置。基準線若向上則呈上升趨勢，基
準線向則為下跌趨勢，若是持平則可視為無明確方向的盤整局
面。

2. 轉換線

按著轉換線與基準線交叉的現象可以來判斷買與賣的信號為
何。當轉換線從基準線的下方衝破與基準線的交叉點時，一般視
為買的信號又稱為黃金交叉（Golden Cross）。相反地，轉換線
從基準線的上方向下方跌破與基準線的交叉點時，則視為賣的信

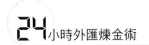

號,又稱為死亡交叉(Dead Cross)。

3. 領先間距線1與領先間距線2

被領先間距線1與領先間距線2圍住的部分稱為「雲」,沒錯,就是天空上的雲。各位看看Ichimoku的圖後應該可以認同這個名的意思吧。當雲在價格K線上方的時候,各位想像一下如同被烏雲籠罩一樣,價格就上不去,此時的雲可視為抵抗勢力。Ichimoku的圖很有趣,因為不只有雲,連雲的厚度都看得出來。厚雲指的就是幅度較寬,涵蓋範圍較廣的雲。當這種雲出現在價格K線上方,便為賣的兆頭,且越厚的雲就代表匯價有很大的可能會跌得越深且越久。另一方面,價格若突破了雲層則為撥雲見日,可期待有長紅局面。一旦轉向為上漲,價格不但是在雲的上方,有時候甚至看不到雲或是雲變得很薄,此時就是該買的時機了。

4. 落後間距線

將當日的收盤價(以紐約市場為準)記錄到26日之前來計算落後間距。這樣做可以使現在的匯市價格與26日前的價格作一個比較。落後間距線若在價格K線的上方代表26日前買的部位已經賺錢,價格走勢是呈上漲,同理反之亦然。而如果落後間距線從價格K線的下方往上衝,突破了交叉點,則可視為買的信號。落後間距線在價格K線的上方並往下俯衝,突破了交叉點,則可視為賣的信號。

細田大師並研究出下列可預測匯價走勢的上升與下跌定律,根據我個人經驗,若是作Day-trading或是Swing-trading時,落後間距線未必會有反映,使用轉換線、標準線比較,以及觀察雲的

位置就足夠作為交易的參考。（**見彩圖40**）

5. 上升趨勢定律

　　(1)「轉換線」向上衝破「標準線」形成黃金交叉。

　　(2) 價格K線在「雲」的上方。

　　(3)「落後間距線」在價格K線上方。

6. 下跌趨勢定律

　　(1)「轉換線」向下跌破「標準線」形成死亡交叉。

　　(2) 價格K線在「雲」的下方或被「雲」完全籠罩。

　　(3)「落後間距線」在價格K線下方。

三、單純移動平均線（Simple Moving Average, SMA）

　　SMA簡單的說就是表示一定期間內某貨幣價格收盤價（以NY市場為準）的平均價格的線。舉例而言，「21日平均線圖」指的就是過去21日的收盤價加總起來的值，以21來除後所得到平均值用線連起來而成的圖。SMA主要目的在於觀察及分析行情走勢及趨勢，搭配不同期間長短的SMA圖與價格K線來做比較。

　　按照交易形態以及部位持有期間來參考不同的SMA線。觀察1週到1個月的短期走勢，我建議看5日線以及21日線，觀察1季變化，建議選擇75日線。而欲瞭解長期動向的話，建議看200日線。例如我的交易主要集中於當日或一週內的對沖建議，那麼可以在交易平臺上選擇5日線與21日線為主要比較對象，分析較短期的SMA線與較長的SMA線的動態，來看是否有形成黃金交叉或死亡交叉。在單純移動平均線的世界中，較短期的SMA線往上方突破較長的SMA線時稱為黃金交叉，可視為形成上升盤

勢。反之較短期的SMA線向下方俯衝破較長的SMA線則為死亡交叉，視為下跌盤勢的形成。

但是以上SMA判斷建議只視為一種信號發出的參考，用在作為決定買賣的根據還是較薄弱。我建議還需要比較SMA線與價格K線的關係，倘若SMA線的黃金交叉已形成，請觀察價格K線是否也與SMA線成為黃金交叉或是已經跑到了SMA線的上方了。相反地當死亡交叉發生時，需要看價格K線是否也與SMA線成為死亡交叉或是已經跑到了SMA線的下方。（見彩圖 41、42）

四、指數移動平均線（Exponential Moving Average, EMA）

指數移動平均線也有人稱它為指數平滑移動平均線，為了理解的方便性在這裡以EMA來表示。EMA的概念為把較重的加權比例放在最近的價格變動來算出平均值，換句話說也就是比起較遠時間的值更重視最近的價格波動，可以更敏感地反映出目前價格的趨向為何。使用方式與SMA同樣，把較短期的EMA線與較長的EMA線來做比較，觀察其趨勢，以及分析價格K線和EMA的關係。

五、平滑異同移動平均線（Moving Average Convergence Divergence, MACD）

MACD為較短期間EMA與較長期間EMA的差。而另外一條稱為「信號線」（Signal）的則為MACD的移動平均線。在平臺上選取MACD的圖就會出現MACD以及Signal，通常系統會將短

期間EMA設定在12日線，長期間EMA設定在26日線。我個人在
作當天對沖時會把短期線縮短到7或9日線，對於掌握超短期盤勢
的敏感度變化較為有效。對於使用MACD建議注意下列跡象。

1. MACD向上突破Signal成黃金交叉並且是在0的上方時為買
   盤，MACD向下俯衝破Signal成死亡交叉並且是在0的下方
   時為賣盤。
2. 注意在指定期間內相對最高點以及相對最低點時的兩線交叉
   變化，成功判斷走向轉換之可信度特別高。

可參考彩圖**43**、**44**。

六、BB線（Bollinger Bands, BB）

這個由John Bollinger所發明的技術分析指標是利用統計學
的分布，以及標準差（Standard Deviation）的概念，來對匯價
走向作預測分析。這個圖是由5條線所組成，以中間的SMA為
基準，在交易平臺中，一般都把這條SMA自動設定為21日線，
以月單位的角度來做分析。SMA線的上方第1條為＋1標準差
線，下方第1條為－1標準差線。而SMA線的上方第2條為＋2標
準差，下方第2條為－2標準差線。以統計學常態分布（Normal
Distribution）的觀點來看，價格落在±1標準差線之間的機率為
68%，落在±2之間的機率則是達到95%，因此在預測價格走向
時當然是挑機率高的±2的標準差線來做參考。使用方法需要注
意的是：

1. 價格若漲破＋2標準差線的話代表漲勢會持續，相對地如果
   跌破－2標準差線則代表跌勢走勢也將會持續下去。

2. 價格若只是觸及到＋2標準差線隨即往下走的話，則可視為是一個趨勢變化，作為是賣的信號。價格若觸及到－2標準差線便往上走的話，則可作為是買的信號。

3. 注意SMA線與±2的標準差線的差距，此差距越大表示發生強大走勢變化（買→賣，賣→買）的可能性越高，這個特性搭配(2)一起來看會使得預測的參考根據變更強。（**見彩圖45**）

七、 Momentum與ROC

對Momentum此字查詞典可知道代表物理學上的動量之意，但在外匯交易上Momentum的意思為貨幣的「衝力」或「氣勢」。我們在做外匯交易時，除了理性的做技術分析以外，還需要瞭解現在個別貨幣大盤的衝力是什麼狀況。這有什麼好處呢？簡單來說，交易分為短線及長線形式，短線重視快速進帳，會使用較高（10X～）的槓桿在短時間（數分鐘至2天）內做清倉的動作。而長線則重視花時間釣大魚，以較低的槓桿倍數來拉長戰線賺取更多的pips，長線交易上想成功最重要的是看趨勢（Trend）的能力。例如2014年8月起USD對JPY走強，與日本內閣總理大臣安倍總理的拉抬JPY的經濟政策有了分歧，這代表了市場Trend的變化，如果你對Trend夠敏銳而早先布局USD/JPY，可以賺到的不是10～20 pips，而是100～200 pip（例如USD/JPY 104 → 106）。「衝力」或「氣勢」象徵著一種爆發力，所以我所要介紹的Momentum與ROC建議應用在短線上較為有效。當然了，把時間軸拉長來看長期走勢也可以，只是在技術分析上表現出來的不敏感，對做長線投資的朋友而言助益有限。

那麼，Momentum是如何計算的呢？一個貨幣的「衝力」是以現在價格與過去價格做比較，也就是說現在的價格如果高於過去的價格，我們可以說現在的價格比過去的價格有衝力。所以Momentum的算式可以如此表示：「現在價格－過去價格」。請各位特別記住一點，Momentum是以「正」與「負」來區分強弱，正即強，負即弱。例如今天USD/JPY為100，1天前為98，2天前為103。請各位看看以下例子。

★ 現在價格與1天前比較的話，Momentum(100-98)=2為正數
★ 現在價格與2天前比較的話，Momentum(100-103)=-3為負數

　　由此可知，Momentum為正數時代表USD走強；Momentum為負數時代表USD走弱。

　　ROC就是Rate Of Change的簡稱，是把Momentum以比率的形式來看的指標。算式如下。

　　ROC＝現在價格／過去價格。若ROC大於1，則代表強烈盤勢，反之，如果ROC小於1，則視為相對弱盤。

　　如下圖所示，各位可以看到ROC以1為區分點，來表示十分容易運用於觀察與判斷目前的盤勢，我本人也較常使用ROC，誠心推薦給大家參考。

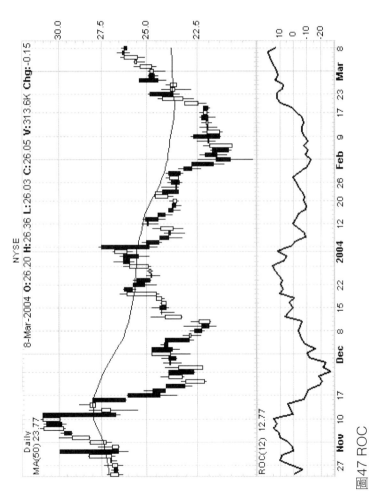

圖 47 ROC

資料來源：http://www.forexrealm.com/technical-analysis/technical-indicators/rate-of-change.html

狹窄區間交易策略（Range Trading Strategy）

　　「狹窄區間」的意思是說，整個價格走勢處於不熱不冷狀態，整個線圖呈現鋸齒的形狀，形成了升了跌、跌了再升的反覆現象。會發生這種情形通常是：第一，當天沒有什麼特別會影響貨幣價格變動的新聞；第二，在等待某國際會談結論前的等待時間，市場呈觀望狀態時所發生的現象；第三，當主要貨幣國如美國、英國及日本等有較長的國定假期時也會發生。據資料統計主要6大貨幣配對的每日平均價格變動區間約在60-70pips左右，而狹窄區間通常的變動則不超過30pips。當您如果遇到狹窄區間的日子，會有什麼打算呢？對大部分的交易者而言，這種上下上下些微變動的價格實在很難做，索性當天不交易的人不少。

　　但是，我卻很喜歡這種「狹窄區間」，在這種時候通常都可以撈一筆，但是需要的是極快速的反應力以及足夠的耐心。為什麼如此說呢？就是因為價格區間狹窄的關係，想要賺到錢就必須使用較大的槓桿倍數來執行買賣，例如平常習慣用10倍來賺20pips的目標點差，當狹窄區間時就需要以20倍作2次賺5pips的交易。由於槓桿倍數提高了，所以每1pips的變動所發生的損益也成倍數成長，這對某些人而言需要心臟夠強才可以承受。反應要十分敏銳，才可以在價格轉折處，也就是上升變下降或下降變上升時進行部位對沖而獲利了結。假設當您在低點買了之後，價格上漲了5pips後您把部位賣掉而獲利，為了成立下一個部位

您需要立即賣空同一部位，等待下一個下降局面後再對沖掉；反之當以賣空為起頭時，看到價格下跌5pips而對沖獲利，接著立即再下買單，待價格升高後再逢高賣出。舉**彩圖46**為例，EUR/JPY在2012年8月6日臺灣時間約14:00到20:00之間較大幅度變動後，進入了狹窄區間。由於當時歐洲白天缺乏特別會對匯市造成影響的新聞，且在臺灣時間21:00美國Fed柏南克主席預定有演講，市場對其內容持觀望模式，符合了上述形成「狹窄區間」的一與二的要件，所以可合理預測歐美外匯交易時間帶可以放膽來做狹窄區間交易。事實也如我預期的一樣，不上不下的區間維持在約23 pips的範圍內一直持續到美國盤結束，在長達約8小時的狹窄區間中，如我在圖中表示有多次重複買（ASK）與賣（BID）的機會，當然不是都那麼神準可在區間的最低點買最高點賣，但是把每次交易獲利目標設定在10 pips的話，其實來回3次累計賺個30 pips不是太困難的事。狹窄區間交易的訣竅簡單來說，就是「把剛獲利賣出的東西再賣空，把賣空沖銷的東西再買進」的概念，也許各位平時交易對某個熟悉的貨幣配對有特別的感情，但是當實行狹窄區間交易時，需要撇開個人的喜好及情感，將貨幣組合視為您生錢的工具不斷地重複利用。為了確切地發現價格轉折點，高度快速的反應力是必須的。

有關第二點的耐心也非常重要，價格區間雖然狹窄，但也不是說升了6pips又立即跌5pips然後再馬上升8pips，一個部位的結束與另一個部位的開始還是有一定時間的間隔，這間隔其實沒有一定的，不過可以從如Ichimoku等技術指標來觀察出趨勢的敏感變化，短的從數秒長的到數十分鐘不等。由於是超短線的頻繁交

易，對的時間區間之線圖選擇十分重要，通常我會先看60分鐘圖掌握過去24小時的價格變動，發現「狹窄區間」形成跡象後找尋進場時機時主體以5分鐘圖配合15分鐘圖來交易，這樣子的操盤方式需要坐在電腦前緊盯著螢幕才行，雖然容易眼睛疲勞，但是快速的反應力配合精神集中力，以及等待的耐心是想在狹窄區間交易中獲利的不二法門，而當熟悉了變化模式並累積心得後，我想一定會有不少朋友會愛上狹窄區間交易。當然了，即便是狹窄區間該有的風險管理依舊是不可少，當每一個交易部位成立之後，一定要反射性地快速設定Take-Profit及Loss-Cut，這是防止自己不被突然發生的價格劇烈變化所波及的自我保護行為。

第四章

恐懼卷

克服欲望及

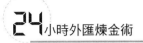

一、外匯交易的華麗與恐怖

　　金融交易，無論是外匯，股票或期貨等，想在資本市場上賺錢離場看似容易實為艱辛之道。為何看起來容易呢？因為透過交易平臺看到的是各種顏色的數字及線圖，而不是拿著實體的一疊鈔票在買與賣，使人頓時忘記了金錢的重量而容易解開心房，再加上節奏快速及各種消息頻頻的發布，看著電腦螢幕似乎聽到有一個聲音對你說現在不買／賣就來不及了，搞得自己未全方位思考便下了單，成了眾多賠錢出場的散戶之一。

　　所有金融商品投資者中，心臟最強的我想莫過於外匯投資人了。因為外匯交易不像股市有設跌停，情勢慘的時候就如同一個見不到底的自由落體，說能有多深就有多深。並且外匯市場還是24小時交易，它不是讓你從早上9點到下午1點半緊張一下就好，而是24小時動個不停，讓你睡也不好吃也不好。說這個不是嚇各位，而是把FX交易的真實面與大家分享。當然了「不入虎穴，焉得虎子」，優點與缺點實為一體兩面，端看您是否做好了充分準備。前面數章內容與各位談到包括了外匯市場的知識，主流貨幣的介紹以及交易技巧，基本面以及技術面分析等等。本章接近本書尾聲，我盼望各位學好了外在功夫後，內在面的心理建設一定要打好才不致功虧一簣。讀者們若是有投資股票經驗的，可能多少對我接下來的話能有理解，但外匯波動更大，交易時間更長，相對地需要更大的膽識來面對。

二、設定交易規則並嚴格遵守

　　欲望，在這裡我專指在精神層面，心理層面想要贏的感覺。

想要賺錢當然要有欲望（Desire）才可以，但是當不可為而為之時，欲望就會變質為貪欲（Greed），如何控制自己的Desire不成為Greed就需要一番功夫了。首先來瞭解投資者在交易時的心理變化。假設您現在有10張USD/JPY＝83.50的買進部位在手中，當匯市價格走勢與自己預測相符合時，想要賺更多的欲望就會湧現並膨脹。1小時後大盤到了83.60，這時您想應該會繼續漲所以加碼買進20張。3小時後，大盤從高點的83.70跌到83.40，此時被一股恐懼心所襲擊作了停損的決定，總共賠了30pips〔（80.40－80.50）＋（80.40－80.60）〕。我想有這樣經驗的讀者應該不少吧。持有買進部位必定是預估價格會上來，當價格上升後欲望也跟著起來所以進行了加碼的動作。加碼後整體持有部位變大，每上升或下降一個pips的金額也膨脹。想不到最後來個回馬槍變成虧損，心裡害怕跌到無底洞所以認賠停損，這樣的故事每天都在眾多散戶的身上上演。這種經驗來個幾次後投資人的信心被打擊，認為自己沒有天分作金融交易便從此遠離了投資。

其實，如此的結果是可以有方法來改善並減少的，重點在於對自己交易模式訂立規則來規範自己。「嚴以律己」這四個字用在想成功的外匯投資者是再貼切不過的。以我平常的交易習慣來看上述例子，我會執行以下的行動。

1. 規定自己容許損失的價格變動範圍上限為一日50pips。
2. 可承受損失金額為提供保證金的5%。
3. 設定自己一天想要賺取金額。
4. 在Ask/BID的單確定後立刻下OCO指令。

第1與第2點可以在累計實戰經驗後按著自己的想法來作調

整，讀者朋友請視此2點為一組概念。由於FX交易與股票不同沒有所謂的跌停，為了防止交易失控造成掉落無底洞的損失，自己設立停損是極其重要的動作。設立停損可以使用「規定容許損失的價格變動範圍上限」以及「可承受損失金額為提供保證金的幾個百分比」來作為雙管齊下的方法。其中只要有一個要件被達到時就應該停手不再交易。說起來容易，當實際在交易時可不是那麼容易執行，但是我盼望各位朋友可以理解，我們在做的是金融投資交易而不是賭博交易。使用科學的方法作基本面及技術分析必須加上理性的遊戲規則，才能稱為所謂的投資行為，否則與一翻兩瞪眼的賭博並無兩樣，法人機關交易部門更是明文訂立停損規定，違反者可能連飯碗都不保。我希望各位既然要作FX，就要持續性地得到獲利，而不是偶爾投機下賺個小錢。

　　FX交易可以致富，可以賺的比您的年薪更多，但是養成正確並果斷的停損習慣是成功的第一步。拿上面的例子來看，按照我容許損失的價格變動範圍上限為一日50pips之標準來看，即使到80.40都不需要賣出，可以容許的上限為80.30。也許當下跌到80.38的時候又因著一波行情上漲到80.70也不是不可能，因恐懼原因，以自己沒有原則的交易模式，在80.40胡亂賣出的行為不是很可惜嗎？

　　關於第2點的「可承受損失金額為提供保證金的幾個百分比」就取決於您要擺多少錢作為保證金到交易帳戶而定。例如今天我放了50萬NTD作為保證金，那麼若我以損失金額為保證金50萬的5%來計算，我最多賠到25,000 NTD就需要作停損。這個5%可以規定自己是在一天的交易內，或是在一次的交易來計算。通常外匯經紀商都會規定最低保證金維持金額（例如總交易

金額10%的貨幣量），當損失擴大低於這個最低保證金維持金額時就需要提供「追加保證金」，如無法在規定時間內匯入追加保證金就強制清算掉所有的部位。

　　第3點的「設定一天想要賺取金額」與控制欲望，以及有一個高品質的交易生活很有關係。如果各位視FX交易為一種可以長期帶入金流的工具，無論您是全職在家從事交易的專業投資者或是上班族，只要各位有心想持續性地賺到錢，我建議務必要設定每天想要賺取金額是多少。例如，上班族的歐小姐白天公司月薪為35,000 NTD，覺得實在不夠，希望可藉FX投資每個月多賺35,000 NTD。小資女歐小姐每週下班後，有時間從事交易有3個晚上，一個月以12個晚上來計算。所以歐小姐為了達成她的目標必須每日（晚）有約2,900 NTD的收益才行。歐小姐以10倍槓桿交易USD/JPY，假設匯率現為1 USD＝80 JPY，所以80,000 JPY就可以運用10,000 USD（原理：10,000 USD＝800,000 JPY。800,000 JPY/ 80,000 JPY＝10倍）。在此條件下USD/JPY匯率每變動1 pips（＝0.01）就是800日圓的上下，若想有2,900 NTD的收益就相當於一個晚上賺到約10 pips就可以達成了。10 pips會很困難嗎？USD/JPY每天的平均變動約在60-80pips，只要各位有計劃地做功課，按照從本書學到的技巧看趨勢的話，我認為固定地每日賺10 pips一點都不難。我一開始做交易時給自己的目標就是一天1萬日圓，我的習慣是一個月內必定要20天交易。持續並連續地達到了1天1萬日圓的目標後，隨著經驗的累積及勝率的提高再逐漸地把目標價拉高1萬5千，2萬日圓等。

　　目標價格設定的重點是腳踏實地的數字而不能好高騖遠。「每月為自己加薪10萬元」如何達到呢？簡單計算若每個月內做

20天交易，一日獲利目標相當於約180美元或1萬5千日圓的話，這個目標就可被達成。而當您每日定的目標額達到的話，我建議就獲利了結並關掉交易平臺系統去做您其他需要做的事情，如此才不會一顆心一直被匯市大盤所控制住，使得自己的生活節奏亂了，甚至發生失眠的現象。

三、FX下單種類介紹

第4點則是養成為交易時的反射動作，我說的是在Ask或BID的單確定後「立刻」下OCO指令。沒錯，就是「立刻」。OCO是一個非常優秀且便利的下單指令，為「One side done, then Cancel the Other」的簡稱。OCO下單需要同時輸入兩個價格，一個稱為Loss Cut（LC），也就是停損價。另外一個稱為Take Profit（TP），即獲利了結的價格。所以當您新有了一個部位後立即下OCO的單，就代表不需要坐在電腦螢幕面前看，只要價格漲到您想要的利益額時系統就自動的幫忙Take Profit。而若是與自己預測的走勢不同而虧錢時，由於已事先作好停損動作，所以也不需要擔心會造成難以負擔的損失。

例如我現在手中有一個USD/JPY＝83.00的買進部位，我希望漲到83.20時可以賣出，此時83.20即是OCO中TP獲利了結的指令。同時，我預想可容許損失價格為82.70，所以我在OCO中將82.70作為LC停損點。這個技巧對於上班族而言是非常好用的，因為也不方便在公司打開平臺操盤或時常操作手機，所以預先設定好OCO的話，等於有了個半自動的交易幫手。即使在家交易，我還是建議養成設定OCO的好習慣，最好是能像一種反射動作。現在的平臺在更改價格上都非常高科技且快速，還會按照

設定的價格為您算出賺賠的金額，強烈推薦讀者們充分利用。

在這裡一併介紹除了OCO以外常有的下單種類。

★市價下單（Market Order）：當點擊牌價Bid或Ask時的成交價即為市價下單。

★定價下單（Entry Order）：即是事先設定一個想要買或賣的價格，當走勢達到所定交易價時就成交。

★IFD下單：IFD就是If Done的意思，需要設定2個價格。第1個是為了使部位成交，第2個算是為了處理成交的部位，簡單來說算是半套的OCO。舉例來說，現在EUR/JPY為105.10，我想要在105.20的時候買進所以這是我IFD的第1個指令。接下來如果105.20買進的部位成交的話，我想要在105.40時賣出，故我在IFD中填入了此價作為第2個指令。

四、匯市常勝軍需要具備的心理建設

說實在的，交易的工作其優缺點是一體兩面。如果說作為Trader的優點為有百分百裁量權作投資決定，贏的時候利益可全拿的話，其缺點可說是孤獨的工作並沒有討論對象，賠錢是承擔完全責任。即使您有朋友也在作外匯交易，人家建議的想法您也不一定敢聽。如此，在交易時往往會陷入一種自我衝突與自我懷疑的光景裡。也就是說作了分析工作認為現在買或賣的話會賺，但是又沒有絕對把握，市場人士眾說紛紜導致自己信心喪失形成了負面連鎖，最後認為沒有交易的Sense而再也不敢碰外匯。以下是包括我以及我所知道優秀交易員所建議應該注意的點，把這些心理層面的建設做好的話，對防止上述症狀的發生以及提高勝

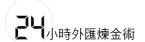

率是非常有幫助。

危險態度1：順利贏了幾天便洋洋得意，逢人便愛現

英語中有一個詞為「Beginner's Luck」，是指剛入門的人常會接二連三的有好事。我覺得這個事有時候的確會發生，中文俗語也說「瞎貓碰到死耗子」，一開始幾筆交易可能在沒有分析的情況下，只是看看新聞偶然賺到一點，便誤認為自己很行而有了一種沒有根據的信心，碰到朋友就說又賺了多少多少等，這種態度實在危險。為什麼這麼說呢？初入門者怕作了錯誤判斷而賠錢通常不會使用太高倍數的槓桿，2、3倍來試水溫差不多吧。幾次順利後，覺得這東西不難，便增大倍數到25倍甚至50倍以上，結果由於大倍數的關係，上下動個20pips就賠了巨額而出場。我建議無論各位賺了幾次，都需要保持一個平常心以及謙虛的態度，我們個人投資者在大盤以及法人面前根本不算什麼，在平臺上顯示的所賺利益金額在沒有轉帳到自己的帳戶之前都不算數，沒有什麼可得意。贏固然是好事，但更重要的是在賠的時候檢討自己那裡做得不對，是太心急沒有耐心導致失敗，還是技術分析的功力不足。這種動作與習慣才是能幫助自己得到一個長期且持續收益的方法。

危險態度2：無法停損的人

問問您自己是不是可以毅然決然作停損的人？聽起來容易，換自己坐在平臺前交易時可能就不一樣了。當大盤與自己的持有部位價格呈相反走勢時，代表了虧損，過了1天或2天虧損額越來越大，投資人的心理常會有「先擺著好了，價錢應該會上來」的想法。當遇到同樣情形時希望各位可以想一想，「價錢應該會上

來」的根據是什麼？如果有合理並具有邏輯的理由請持守自己的想法，但是仍需要在所定可容許損失金額範圍內操作。如果缺乏合理理由，只憑著一種「感覺」的話實在是危險的行為，因為星星之火會把整片森林都燒了，這時候需要的是停損的動作！「停損」是一個需要勇氣的行為，它代表的是承認自己做決定的敗北，但它也代表可以有另外一個機會去做對的事。承認錯誤的判斷並不可恥，反倒能及時果斷地停損是具備了優秀風險管理的象徵。有時候在部位確定後沒多久就可發現作的決定不對，但有時候，或許會一直會耗到價格到了當初定的，可容許損失金額的上限才肯罷手，無論是前者還是後者，只要有勇氣按著自己訂立的交易規則作停損，都是值得嘉許的正確投資態度。

危險態度3：隨走勢變化不斷更改下單價格

我這裡指的下單價格包括停損（LC）與了結獲利（TP）。完全沒有訂交易規則或是不嚴格遵守訂立規則的人，在行情走勢與自己預期相反時，重複地更改已設定的LC價格是常見的行為模式，其原因在於期待價格可以從跌轉漲，勝利的女神最後一定是對自己發出笑容。這樣的做法絕大多數會造成一種結局，就是小虧損變成大虧損，甚至是個彌補不了的大黑洞。舉我的一位喜歡中期投資外匯的日本朋友為例，2011年10月上旬USD/JPY瘋狂升值破了77日圓達到76元水準，由於第2次世界大戰結束以來的最高值是76.25日圓，朋友想76.90已經夠低了，這個時候買的話，接下來搭了日本政府的干預匯市順風車美元變成升值的話，一定賺翻，於是便胸有成竹地以運用300萬日圓的20倍槓桿來買進，並下了OCO把LC設定在76.50日圓，TP設在78日圓。我這位

朋友已有多年FX經驗又是學金融，這樣的設定我看起來覺得也沒有問題。接下來幾天由於日圓升值達到76.60，朋友想想有點危險就把LC調到76.30。幾天後日圓升到了76.35，朋友一緊張又大幅地把LC調到75.90，還跟我說他不認為會漲破76，只是以防萬一罷了。人算不如天算，到了10月21日這個不可思議的一天中，發生了超越歷史紀錄的狂升，一天內升值了1日圓以上達到75.78的高價，創造了新的日圓兌美元的歷史記錄，而我的這位好友就很「幸運」地成為了新紀錄的體驗以及見證者，代價則是賠了整整100 pips，不但是血本無歸，他本人也信心大受打擊直嚷著要金盆洗手了。請問各位讀者，在此我的好友，若是按照一開始設定的停損金額76.50日圓去執行，它只會賠多少呢？沒錯就是40 pips。結果在他一改再改LC的結果使得危機管理的機制崩潰了，無法嚴以律己的人終究是要吃苦頭才會學到功課，有金融知識但性格上意志薄弱的人大有人在，千萬不要高估了自己的克制力。從這個例子再次提醒各位：1.不要隨著一時走勢起舞而不斷更改下單價格，特別是停損的價格；2.在國際情勢不穩且多變的盤勢中避免一次使用高槓桿倍數交易，建議可以不同價格分批買／賣，單次下單以3～5倍以內為佳。

 **關於外匯經紀商的選擇**

　　想做外匯保證金交易的第一步就是找經紀商來開個戶，在Google及百度上打個關鍵字一找，就可以發現市面上有好幾家外匯經紀商，數年前都還全部是英文網頁、英文平臺，現在由於做外匯交易的華人越來越多，使得較大的經紀商如FXCM，Easy-Forex，FOREX.COM與FXDD，IG Markets等紛紛開發了中文的企業網頁以及交易系統，於是外匯交易不再受到語言的隔閡，投資者更可以中文來領會許多專有名詞，以及閱讀即時國際新聞，發生任何問題還會有能講中文的客服人員為客戶釋疑解惑。由此也可以看見外資經紀商對華人市場的重視。那麼如何從那麼多家經紀商中找一家最適合自己且最划算的公司呢？以下是我的心得，與各位朋友分享該去注意的細節。

（一）點差

　　買（Ask）與賣（Bid）的價格差距即為點差，當然就投資者而言這個點差是越小越好了。現在已經發展到外匯經紀商不收手續費的時代了，經紀商的利益來源就是從這個點差來的，點差小對於我們有利，對於經紀商來說就是少賺一點的意思。判斷哪個經紀商較好的第一點就是看點差的水準，特別是對以高槓桿做Scalping與Day-trading的交易人來說是最重要需考慮的點。絕大多數經紀商的網站都會列出提供交易貨幣組合的點差表，投資者

可以從這個表來比較各家的差距作為參考。

（二）匯款、提款的方式及手續費

想要交易當然就需先匯款到經紀商指定帳戶才可以，現在匯款方式很多元化，有利用信用卡、銀行電信轉帳及支票等方式。依照匯款方式不同它們的優缺點也各不同，若您希望可以用最快的速度來入帳的話，建議可以使用信用卡來存入資金，此時通常會視信用卡入帳為一筆消費，所以請先查詢信用卡的可使用額度為多少，再來決定匯入資金額。

（三）經紀商的可信賴度及知名度

名氣大且成立歷史較久的經紀商相對地較可以信賴，有些經紀商有名是因為它規模大到了是一個上市公司，上市的企業符合了該國家法律的規定及稽核，無論是對顧客資金保管或信託，內部控制方面都比非上市或是資歷淺的業者來得可信任，這一類公司建議列為首選。

（四）模擬帳戶

對於新手而言，熟悉平臺操作及功能非常重要。一般較大的經紀商都會提供類比帳戶供潛在客戶們試用，除非您已經有多年外匯經驗，不然我還是建議各位開一個模擬帳戶為佳，試試看這一家經紀商的平臺與自己的使用感覺搭不搭調，上手容不容易是真的會影響操作。無論是下單模式或是看圖來做技術分析，若是一個平臺本身沒有提供夠多的技術指標及線圖，也沒有充足的下單選擇的話，雖有實力交易，但沒有好的硬體作配合，實在是非

常地可惜。

（五）中文服務

　　許多外資經紀商紛紛成立了懂中文的營業部隊，以及專人接線服務，這對於英文不熟悉與年紀稍大的長輩們是一個方便的服務，只要透過經紀商提供的熱線或是線上交談等，不該花的時間可以省，不應走的冤枉路也可以免了。有些公司申請開戶可以全用中文，但平臺成為了英文，務必請確認平臺是否全為中文顯示再決定開戶會比較好。

參考資料

IMF World Economic Outlook, 2012

OECD Economic Outlook, 2011

MOFA (Japan) Economic Indicators Research, 2012

JETRO Market Reports, 2011

Bloomberg Finance

Thomson Reuters

家圖書館出版品預行編目資料

小時外匯煉金術／歐陽聖司著. -- 四
版. -- 臺北市：書泉出版社,2022.09
面； 公分
BN 978-986-451-274-4（平裝）

CST：外匯交易 2.CST：外匯市場
CST：外匯投資

3.23 111011979

3GA4

24小時外匯煉金術

作 者 ― 歐陽聖司

發 行 人 ― 楊榮川

總 經 理 ― 楊士清

總 編 輯 ― 楊秀麗

主 編 ― 侯家嵐

責 任 編 輯 ― 侯家嵐

文 字 校 對 ― 陳欣欣

封 面 完 稿 ― 姚孝慈

出 版 者 ― 書泉出版社

地 址：106臺北市大安區和平東路二段339號4樓

電 話：(02)2705-5066 傳 真：(02)2706-6100

網 址：https://www.wunan.com.tw

電子郵件：shuchuan@shuchuan.com.tw

劃撥帳號：01303853

戶 名：書泉出版社

總 經 銷：貿騰發賣股份有限公司

電 話：(02)8227-5988 傳 真：(02)8227-5989

網 址：www.namode.com

法 律 顧 問 林勝安律師事務所 林勝安律師

出 版 日 期 2012年11月初版一刷
2015年 3 月二版一刷
2016年 2 月二版三刷
2017年 8 月三版一刷
2022年 9 月四版一刷

定 價 新臺幣300元

經典永恆・名著常在

五十週年的獻禮——經典名著文庫

五南，五十年了，半個世紀，人生旅程的一大半，走過來了。
思索著，邁向百年的未來歷程，能為知識界、文化學術界作些什麼？
在速食文化的生態下，有什麼值得讓人雋永品味的？

歷代經典・當今名著，經過時間的洗禮，千錘百鍊，流傳至今，光芒耀人；
不僅使我們能領悟前人的智慧，同時也增深加廣我們思考的深度與視野。
我們決心投入巨資，有計畫的系統梳選，成立「經典名著文庫」，
希望收入古今中外思想性的、充滿睿智與獨見的經典、名著。
這是一項理想性的、永續性的巨大出版工程。
不在意讀者的眾寡，只考慮它的學術價值，力求完整展現先哲思想的軌跡；
為知識界開啟一片智慧之窗，營造一座百花綻放的世界文明公園，
任君遨遊、取菁吸蜜、嘉惠學子！